中老年数独教程

北京市数独运动协会
北京开放大学培训中心 组编

张清利 主编

中国科学技术出版社
·北京·

图书在版编目（CIP）数据

中老年数独教程/张清利主编；北京市数独运动协会，北京开放大学培训中心组编. —北京：中国科学技术出版社，2018. 2
ISBN 978-7-5046-7945-1

Ⅰ. ①中… Ⅱ. ①张… ②北… ③北 Ⅲ. ①智力游戏－教材 Ⅳ. ①G898.2

中国版本图书馆CIP数据核字（2018）第011362号

选题策划 王晓义
责任编辑 王晓义 蒋宵宵
封面设计 孙雪骊
责任校对 杨京华
责任印制 徐 飞

出 版 中国科学技术出版社
发 行 中国科学技术出版社发行部
地 址 北京市海淀区中关村南大街16号
邮 编 100081
发行电话 010-62173865
传 真 010-62173081
投稿电话 010-63581202
网 址 http://www.cspbooks.com.cn

开 本 710mm × 1000mm 1/16
字 数 130千字
印 张 14.75
印 数 10000册
版 次 2018年2月第1版
印 次 2018年2月第1次印刷
印 刷 北京长宁印刷有限公司

书 号 ISBN 978-7-5046-7945-1/G · 776
定 价 38.00元

序

数独是一种一看就会的游戏，只需要认识9个数字，拿几道简单的数独题试试，几乎人人都能在短时间内轻松上手。2008年一个偶然的机会，我接触了数独，之前以为数独是“小儿科”游戏，没多大意思，参与了之后才发现它是一项非常好的益智活动。后来兴趣不减，一发不可收拾，竟成了业余爱好者。2013年起我开始参加全国数独比赛，年年获奖，拿了两次赛区冠军、三届50岁以上组全国冠军。在全部选手排名中也一直靠前，最好名次是50岁时取得了全国第11名。

数独具有很强的趣味性，在小小的九宫格上，数字排列千变万化，常常看似山重水复疑无路,却又柳暗花明又一村。我一直喜欢智力运动，桥牌、围棋、象棋都接触过，数独与其他项目相比具有鲜明的特点。如果说麻将似白酒浓烈，围棋似黄酒悠扬，桥牌似红酒高雅，数独就像饮料解渴。也许在积淀上它一样也比不了，但却能随时随地燃烧大脑、彰显智慧。数独游戏最大的优势就是方便，不需要专门约人，不需要专门时间，不需要专门场地，也不需要专门器具，可以随时随地娱乐。现在我的业余消遣选择中，数独基本上取代了其他棋牌活动。

数独并非年轻人的天下，玩数独的中老年朋友也不少，而且越来越多。数独是锻炼脑力的绝佳方式，老少皆宜，大有裨益。对中老年朋友而言，一是有益于保持逻辑思维能力以及观察力、反应力、专注力、记忆力等；二是有助于舒缓压力，放松心情，重获年轻心态；三是可以与孩子一起做数独题，对智力启迪有好处，寓教于乐，加强感情联络。

数独游戏虽然入门简单，但要做到精通并不容易。只有掌握一些技巧，才能体验更多的乐趣。许多中老年朋友希望通过阅读辅导教材提高数独水平，然而目前市面上适合中老年朋友的数独指导书籍还很少。为了给中老年数独爱好者提供基础的系统性理论帮助，北京市数独运动协会、北京开放大学培训中心编写了这本书。

当然，数独协会推动中老年数独运动，还有更深远的意义。近几年，数独运动在中国蓬勃开展，取得了辉煌成就。中国数独队继2013年在本土举办的世界数独锦标赛上团体、个人双夺冠后，2017年首次在境外夺得世界数独锦标赛团体冠军。中国队是世界数独锦标赛上最年轻的队伍，平均年龄不到20岁，青少年选手成绩突出，在国际上有明显优势。然而，我们与世界数独强国的整体水平还有不小的差距，活动开展不够广泛、专业基础不够扎实、综合实力还不够雄厚，主要原因是数独受众规模小，尤其是在成年人中普及度不高。希望通过中老年数独爱好者队伍的不断壮大，提升巩固我们数独强国的地位，为攀登数独世界之巅奠定基础。

刘 军

2018年元旦

（刘军，1964年4月生。先后荣获中国数独锦标赛2013年南京赛区冠军、2014年郑州赛区冠军、2015—2017年蝉联三届50岁以上组全国冠军；现为北京市数独运动协会专家团成员，具有数独专业段位称号和培训师资格；曾为江苏卫视《最强大脑》栏目数独选手；中国数独网络锦标赛发起与主办人之一，曾组织出题团体为国家队备战第12届世界数独锦标赛提供模拟赛题。）

目　录

第一课　数独简介

一、数独是什么?

数独是一种以数字为表现形式的填空类益智游戏。规则简单明了、容易上手、形式灵活、不受场所限制，是一种风靡世界、老少咸宜的健脑游戏。

数独不仅可以锻炼做题者的观察能力、逻辑推理能力，还可以培养做题者的专注力和克服困难的信心。在解题过程中，做题者需要从多种视角寻找线索，运用各种不同的思路去解题，对分析能力、推理能力、统筹全局能力及举一反三能力等有较全面的考查和训练作用，教育心理学家一致认为玩数独是一种绝佳的锻炼大脑的方法。

数独游戏入门门槛低，不受语言和文化的限制，只要认识数字1—9，用一支笔和一张纸就能玩。不过数独的难度跨度又非常大、种类又非常多，不少题目对于顶尖高手来说也很棘手。总之，数独既简单又变幻莫测，既传统又充满现代时尚，其魅力就在于严谨的逻辑推理背后蕴含着极大的趣味性。

老年人常玩数独可以增强观察能力、促进逻辑思考能力、保持身心愉悦并延缓脑力下降、防止认知能力退化，进而可以非常有效地预防阿尔兹海默症（老年痴呆症）。图1–1为中国数独锦标赛中的老年选手。

图1–1　中国数独锦标赛中的老年选手

二、数独的历史与现状

数独的形式最早可追溯到我国古代的河图洛书（图1–2），现代数独的雏形是18世纪瑞士天才数学家欧拉所创的拉丁方阵（图1–3）。20世纪70年代，美国杂志以“数字拼图”的名称将其重新推出。1984年被益智杂志*Nikoli*引入日本，将其重新命名为“数独”，又加入了更多条件，形成了外形固定且种类丰富的现代数独。1997年，中国香港特别行政区高等法院法官高乐德到日本旅游发现了数独游戏，随后他在英国的《泰晤士报》上开设数独专栏，自此，数独游戏很快风靡整个英国。之后他又在网络上建立数独论坛，使全球玩家可以全面系统地了解数独、学习数独技巧，加速了数独在全世界范围的流行。

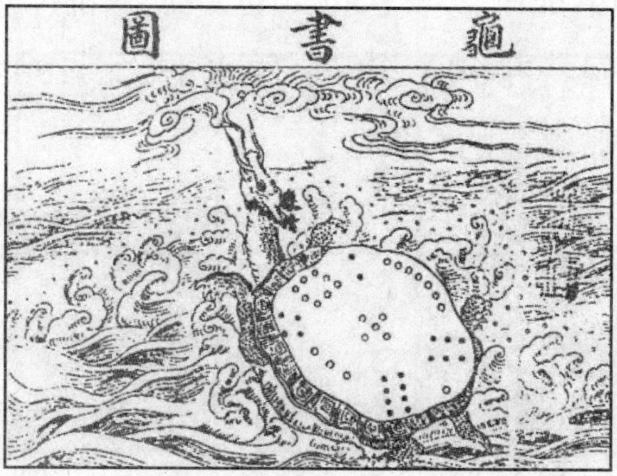

图1-2　河图洛书

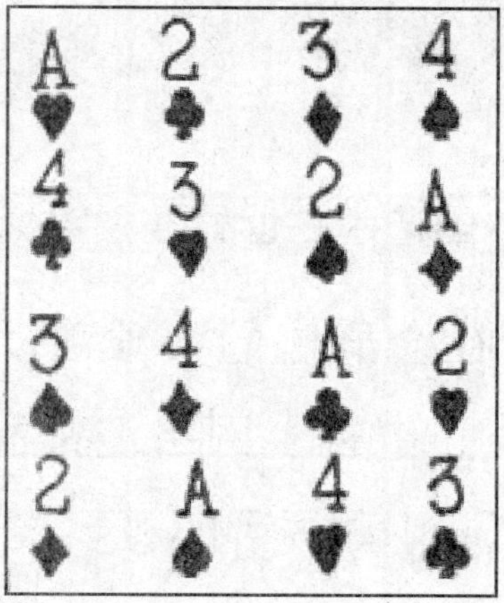

图1-3　拉丁方阵

据记载，数独运动自2006年正式进入中国，国内一些报纸开始刊登数独题目，市面上同时出现一些数独题集。2007年开始，国内每年都会举办中国数独锦标赛，选拔当年水平最高的玩家去参加一年一度的世界数独锦标赛。近年来，中国选手在世界数独锦标赛中成绩优异，几乎每年都有2—3人进入世界个人前十名，而团体成绩也一直保持在世界前三名的水平。图1-4为中国选手在世界数独锦标赛的合影。

图1-4　中国选手在世界数独锦标赛的合影

近几年，不同社会群体的数独活动在全国各地蓬勃开展，报纸、杂志、电视、网络上常能见到数独类的益智游戏。国内数独相关书籍的种类繁多，智能手机中的数独游戏也有上百种，很多大中型城市的中小学校都把数独作为兴趣素质课程纳入课堂教学，各方资源的不断积累和汇聚，为数独运动后续的推广和普及奠定了坚实的基础。

三、数独规则与玩法

本书所提的“数独”专指“标准数独”，也就是我们在市面上最常见到的九宫形状，并只要求最常规的“行”“列”和“宫”这三个区域内数字不能重复的数独题目。

标准数独规则：将数字1—9填入空格内，使每行、每列及每个3×3格组成的粗线宫内数字不能重复。如图1–5A、图1–5B所示。

	4	3				8	9	
6			4		5			2
9				6				5
	3		1		2		4	
		4				5		
	9		5		6		3	
4				1				3
3			8		4			7
	7	1				2	5	

图1–5A　例题

5	4	3	7	2	1	8	9	6
6	8	7	4	9	5	3	1	2
9	1	2	3	6	8	4	7	5
7	3	5	1	8	2	6	4	9
1	6	4	9	7	3	5	2	8
2	9	8	5	4	6	7	3	1
4	5	6	2	1	7	9	8	3
3	2	9	8	5	4	1	6	7
8	7	1	6	3	9	2	5	4

图1–5B　例题答案

图1–5A为一道数独题目，数独盘面由9×9共81格组成，题目开始会给出一些已知数字，我们将这些已知数字作为前提条件，根据数独规则的要求，多角度观察条件并使用数独技巧将空格填入1—9这九个数字。最终要得出图1–5B的结果：每个横行内数字为1—9，每个竖列内数字为1—9，每个由粗线划分出的方形宫内数字也为1—9，同时满足上述的三个条件。我们做数独的目标就是让游戏者运用逻辑推理在空格内逐一填数，直到填满得到正确的答案。

四、数独中元素的名称

我们在介绍数独规则时，提到了几个数独元素名词，在下面将对这些名词进行详细的介绍。数独元素和它们的名称在后续学习过程中使用频率非常高，需要大家对这些概念熟知以便沟通，这也是本课的一个重要知识点。

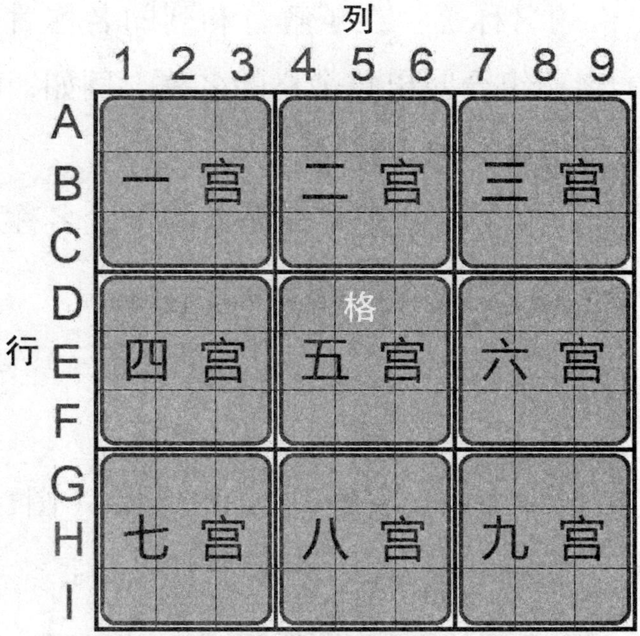

图1–6　元素示意图

在图1–6中，我们重点需要了解“格”　“行”　“列”以及“宫”的概念和名称，这些概念的具体说明如下。

格：数独盘面中最小的单位，里面最终只能填入一个确定的数字。

行：由一组横向9格组成的区域，从上到下依次命名为A行、B行、C行、D行、E行、F行、G行、H行和I行。

列：由一组纵向9格组成的区域，从左到右我们命名为1列、2列、3列、4列、5列、6列、7列、8列和9列。

宫：由一组被粗线划分成的3×3方形9格组成的区域，

从左上到右下依次命名为一宫、二宫、三宫、四宫、五宫、六宫、七宫、八宫和九宫。

坐标（格的名称）：在了解行和列的名称后，可以根据行和列的名称组合叫出每个格的名称。例如，F行和6列交点的格子我们就称它为F6格。

在熟悉上面这个示意图中各元素的位置名称后，我们在教学中的沟通交流就方便多了。

五、思考题

有兴趣的同学可以观察思考下面的题目（图1–7），看看能否根据数独规则推理出一些填数的方法。

	7		2	9	8	4	5	
2	9	8	5			7	1	3
4	5		7		3		9	
9		3		5		1	4	7
1			8		7			5
5	2	7		4		3		8
	1		3		6		8	4
8	4	2			5	6	3	1
	3	5	4	8	1		7	

图1–7　思考题

第二课　入门技巧——数空法

教学知识点

1. 深入理解数独规则。

2. 了解数空法填数的原理。

教学要求

1. 比较熟练地数出宫内缺少的数字。

2. 会利用数独规则进行填数。

上一课，我们介绍了数独的历史和现状、数独游戏的规则和玩法，最后还讲解了数独的元素示意图，要求大家对其中元素名词的概念和名称达到熟知的程度。在本课中，我们就要开始尝试解题了，鉴于大家都是刚接触数独，我们选用了一些已知数较多的入门题目，让大家可以较为平缓地逐步掌握数独的技巧和解法。

本课所说的数空法，在严格意义上来说并不是一个在数独中严谨分类的技巧，而是针对已知数较多的题目或者一般题目解到中后期时，所采用的一种清点宫内或行、列内空格缺少哪些数字的寻找线索的方法。先找出某个空格较少的区域内缺少什么数字，再在其周围寻找这些数字的线索，然后利用数独规则作为判断依据进行填数，在数独中不同位置重复这种操作便可以将较简单的题目做完。当然，这也是爱好者在前期熟悉数独的观察方式和培养数感进行的基础性训练。

接下来，我们用第一课后面的思考题作为本课的例题进行思路讲解。

一、例题详解

在做图2–1中的题目之前，你不需要了解任何数独的技巧和思路，只要知道数独规则就可以开始解题了。我们将

	1	2	3	4	5	6	7	8	9
A	7	3	9		5		8		4
B			4	2	7	9	5		6
C	5	2		4	3			9	1
D		6		7		2	3	4	
E	2	5	7		4		6	8	9
F		8	3	9		5		1	
G	3	9			1	7		6	8
H	1		8	6	2	4	9		
I	6		5		9		1	7	2

图2–1　讲解例题

在做题过程中，直接根据数独规则判断如何填数。所以在解题前，我们将数独规则再重复一遍，加深印象。

“将数字1—9填入空格内，使每行、每列及每宫内数字均不重复。”

开始观察题目，我们会发现这道题目已知数较多，大多数宫内只有三个空格，也就是有三个数字未确定，需要我们将它们填出，对逐个宫分别观察，我们先来看一宫。

一宫内有已知数2、3、4、5、7、9，经过清点发现缺少数字1、6、8。那么B1、B2和C3三格内应当分别填入这三个数字，到底三个数字具体填在哪格呢？这时需要我们运用数独规则进行判断了，来看图2–2。

	1	2	3	4	5	6	7	8	9
A	7	3	9		5		8		4
B			4	2	7	9	5		6
C	5	2	6	4	3			9	1
D		6		7		2	3	4	
E	2	5	7		4		6	8	9
F		8	3	9		5		1	
G	3	9			1	7		6	8
H	1		8	6	2	4	9		
I	6		5		9		1	7	2

图2–2

在图2–2中，由于一宫缺少数字1、6、8，这时在可以影响一宫右侧的二宫、三宫和一宫下方的四宫、七宫内寻找是否有这三个数字。

发现右侧的三宫B9格为6，可以对一宫的两个空格产生影响。根据数独规则B9格为6，所以B行其他格不能再出现数字6，我们在上图中用灰线表示将B行其他的格内的6排除掉。然后再看一宫位置，数字6已出现在I1和D2格中，因而不能填在B1和B2格内，就只能填在C3格内了。同理，再观察一宫剩余的两个空格，现在缺少数字1和8。在下方的四宫内发现F2格内为8，根据上面所说的排除方法，可以利用这个8排除掉B2格的8，最终得到B1格填8和B2格填1，见图2–3。

	1	2	3	4	5	6	7	8	9
A	7	3	9		5		8		4
B	8	1	4	2	7	9	5		6
C	5	2	6	4	3			9	1
D		6		7		2	3	4	
E	2	5	7		4		6	8	9
F		8	3	9		5		1	
G	3	9			1	7		6	8
H	1		8	6	2	4	9		
I	6		5		9		1	7	2

图2–3

根据上述步骤的推理，我们得出了一宫三个空格内的数字。然后我们可以利用这种思路去观察其他宫内空格缺少的数字，利用排除法将它们一一填上。比如二宫缺少的数字也是1、6、8，我们发现三宫内A7格的8可以排除掉二宫内两个空格，这时二宫内数字8就只能填在C6格内，见图2–4。

	1	2	3	4	5	6	7	8	9
A	7	3	9	1	5	6	8		4
B	8	1	4	2	7	9	5		6
C	5	2	6	4	3	8		9	1
D		6		7		2	3	4	
E	2	5	7		4		6	8	9
F		8	3	9		5		1	
G	3	9			1	7		6	8
H	1		8	6	2	4	9		
I	6		5		9		1	7	2

图2–4

在图2–4中目标锁定二宫观察，先用A7格的8对二宫排除，得到C6格内填入8。余下的空格A4和A6内缺少数字1和6，这时发现H4格为6可以对二宫的A4格排除，最终得到A6=6和A4=1。

根据相同的思路我们将二宫内三个空格也全部填上

了，这时请你来观察三宫和四宫内的空格各缺少什么数字，是否可以利用周围出现的相同已知数将其排除定位呢?

三宫缺少数字2、3、7，四宫缺少数字1、4、9，根据这两个位置周围的线索尝试将这些数字排除定位，见图2-5。

	1	2	3	4	5	6	7	8	9
A	7	3	9	1	5	6	8	2	4
B	8	1	4	2	7	9	5	3	6
C	5	2	6	4	3	8	7	9	1
D	9	6	1	7		2	3	4	
E	2	5	7		4		6	8	9
F	4	8	3	9		5		1	
G	3	9			1	7		6	8
H	1		8	6	2	4	9		
I	6		5		9		1	7	2

图2-5

在图2-5中，利用一宫和二宫内确定的2、3、7数字对三宫排除，可以将三宫内三个空格定位，得到A8=2、B8=3和C7=7。同样，观察可以影响四宫位置的数字后可以在四宫内确定D3=1、F1=4和D1=9。

你是否已经了解掌握了这种通过数空格缺少的数字进

行排除的方法呢？当然，数空格的思路也不一定局限于宫，例如，图2–5的情况，在3列内只缺少一个数字，你也可以数出3列缺少的这最后一格数字并填上。或者继续按刚才的方法进行按宫的方位进行数空寻找线索。例如五宫缺少四个数字，如果你觉得空格较多不好数，可以将五宫的四个空格换成先数5列缺少两个空格，再找E行缺少两个空格的方式进行分解处理。

总之，剩余几个宫内的空格同样可以按寻找一宫和二宫内线索的方式将它们全部填上，请你自己尝试是否可以做完本题，最终得到答案（图2–6）。

	1	2	3	4	5	6	7	8	9
A	7	3	9	1	5	6	8	2	4
B	8	1	4	2	7	9	5	3	6
C	5	2	6	4	3	8	7	9	1
D	9	6	1	7	8	2	3	4	5
E	2	5	7	3	4	1	6	8	9
F	4	8	3	9	6	5	2	1	7
G	3	9	2	5	1	7	4	6	8
H	1	7	8	6	2	4	9	5	3
I	6	4	5	8	9	3	1	7	2

图2–6

如果在数某宫空格并不能马上确定填哪个数时，可以先将其跳过，把后面可以确定的空格先填入后再回头来观察之前不确定的位置。在进行数空格缺少数字的过程中，不一定要按照宫的位置排序来进行，应当从空格较少或条件较多的区域入手，观察方式要灵活。

二、课后总结

这节课我们带着大家逐步地完成了一道例题，在解题填数的过程中，我们只要掌握一种思路就可以。那就是在数独盘面中寻找空格较少的宫或者行列，再数出这个区域内空格缺少的数字，并观察周围出现这些数字的线索将其逐一定位。先将容易填数的区域尽量填满，随着数字的增多，开局时线索较少的区域也有了足够条件判断定位，在不同的位置重复上述思路就可以逐步将所有空格填满。

数空法的思路主要针对已知数较多的题目，或者普通题目进行到中后期。属于爱好者初期接触数独时需要掌握的最基本的观察和填数能力。本课后会有10道针对性的练习题，请你运用本课所讲的思路和判断方法将它们解出，并练习强化本课所讲的解题方式。

课后练习题

第2-1题

	2	8	1		9	3	5	
9		5	6		3	1		4
6	3		4		5		7	9
2	5	4		6		7	9	1
			2	1	7			
1	8	7		9		2	6	3
8	9		7		1		3	5
7		3	8		6	9		2
	1	6	9		2	4	8	

第2-2题

2	7	9		6	5		3	
			3	1	7	5	2	9
1	3	5		9		7	6	
3			9		6	1	4	2
6			5	7	2			3
9	8	2	1		3			7
	9	6		2		3	8	5
7	2	3	4	5	8			
	1		6	3		2	7	4

第2-3题

9	3	1	6	4	5			
2		7		1		6	4	3
8			2		7	5	1	9
	1	4	9			7	2	8
	2		7	8	4		5	
5	7	8			6	3	9	
1	9	5	3		2			7
7	8	3		9		2		5
			5	7	8	9	3	1

第2-4题

	9	2	1	8	3		7	
8	7	1				2	3	5
	4		7	2	5		9	1
2		7		9		6		3
4		8	3	1	7	5		9
9		5		6		1		7
6	5		8	7	9		1	
1	2	9				7	5	8
	8		2	5	1	9	6	

第2-5题

6	4	1	8			3		2
	5		1	4		7	9	6
3	7		5	2	6			8
		7	4		5	6	2	1
	8	2		1		5	7	
1	6	5	7		2	9		
8			9	5	4		6	7
7	9	4		6	1		3	
5		6			8	4	1	9

第2-6题

9	3	7	5	8	2		1	
5	1	4				3	2	8
			3	4	1	7	9	
7	5	8	2			9		1
4			9	3	7			2
3		9			8	4	6	7
	4	3	8	1	5			
8	9	5				1	4	6
	7		4	9	6	5	8	3

第2-7题

4		7	2			6	8	9
1	3	2	6		8		4	
6			7	4	5		2	1
	7	1		5		8	6	4
		9	1	3	6	7		
5	2	6		8		1	9	
7	6		8	2	9			5
	8		5		1	2	3	6
2	1	5			4	9		8

第2-8题

	8	1		4		9	3	
5		4	7		9	6		8
3	6		8	1	2		4	5
	3	5	2		4	8	7	
1		8		7		2		6
	7	2	1		5	4	9	
2	1		6	9	7		8	4
4		7	3		8	1		9
	9	6		5		3	2	

第2-9题

4		7	9			6	8	3
9	3	2	8		4		1	
8			7	3	5		2	4
	2	3		5		8	4	1
		4	2	1	3	7		
5	9	1		7		3	6	
2	4		3	9	6			8
	7		5		2	4	3	6
3	6	8			7	2		9

第2-10题

2	9	4				3	5	6
3			2	5	4			1
5			3	6	9			7
	3	9		1		5	2	
	7	1	9	2	5	8	6	
	2	5		3		7	1	
1			7	9	2			8
7			6	8	3			5
9	8	3				6	7	2

第三课　入门技巧——宫内排除法

教学知识点

1. 理解数独中排除的原理。

2. 理解宫内排除法的概念和原理。

教学要求

1. 可以根据宫内排除法的逻辑进行推理填数。

2. 可以在解题过程中熟练应用宫内排除法。

3. 了解数独开局时的具体操作流程。

我们在上一课中讲解了做数独的入门思路，利用数出某宫、某行或某列内空格缺少的数字，再到其周围寻找可以排除这些空格的数字，最终将这些空格内数字进行定位的解题方法。

在本课中，我们将上节课内提到的排除法概念进行深入学习。在上一课内容中，我们只针对空格少的宫进行排除空格和定位，而排除法其实对空格多的宫同样有效，我们来看两个宫内排除法的示意图。

一、宫内排除法示意图

1．宫内排除法示意图1

在图3–1中，由于C2格和B5格有已知数3，根据数独规则，同行其他格不能再填入数字3。在图中画出灰线表示将这些格内的3排除掉。最后观察三宫，根据数独规则三宫内必然出现一个数字3，那么这时在三宫内仅有A9格可以填入数字3了。

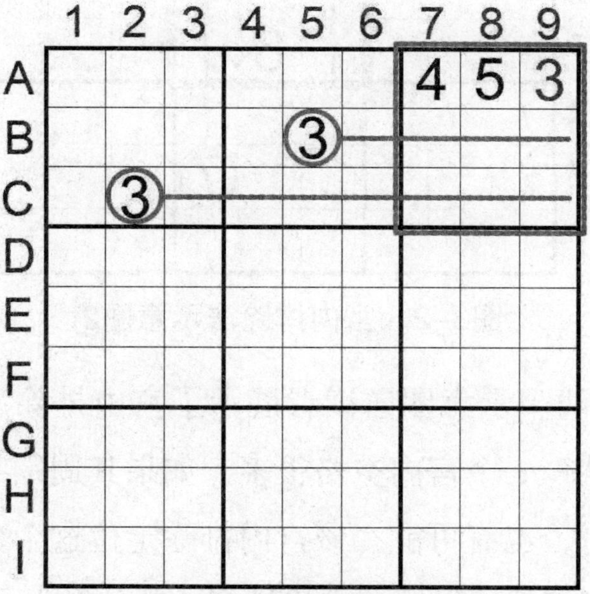

图3–1　宫内排除法示意图1

这种利用相同数字对某宫进行排除，最终在这个宫内确定只有一格可以填入这个数字的方法就叫作“宫内排除法”。

2．宫内排除法示意图2

在图3–2，利用B4、D1和H6三格内的数字7对五宫进行排除，在五宫内仅有E5格可以填入数字7。

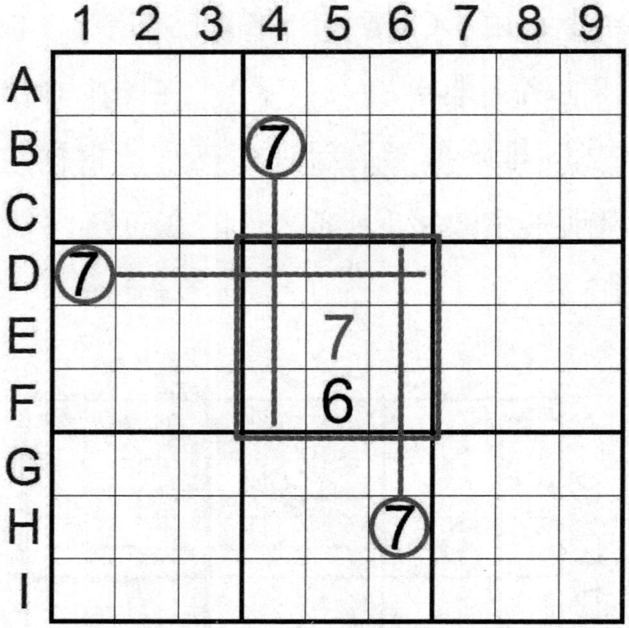

图3–2　宫内排除法示意图2

上面用两个示意图向读者展示了宫内排除法的用法，我们发现就算一个宫内空格很多，如果其周围某个数字个数也较多时，也有可能在该宫内排除定位这个数字。了解这点后，我们就可以解答空格稍多一些的题目了。

二、例题详解

我们以图3–3中的题目作为例题进行讲解。

	1	2	3	4	5	6	7	8	9
A		8		7	1	4		2	
B	5		2				4		7
C		6		2		5		9	
D	4		8		6		2		1
E	6			4	9	3			5
F	3		5		2		9		4
G		5		8		2		4	
H	8		9				7		2
I		4		3	5	9		1	

图3–3　讲解例题

看到图3–3中的题目后，明显发现这道题目空格比上一课例题的多，开局不太适用我们在上节课中学习的数空法。我们需要换一种思路来寻找宫内排除法的线索。

由于宫内排除法是利用某种相同数字对每个不含该数字的宫进行排除定位。所以某数字已知个数较多，相对而言它就更容易形成排除法的线索。我们开局找出现已知个数较多的数字来进行观察，并利用它对未出现该数字的宫尝试排除。

观察题目已知数发现数字2比较多，先用数字2为参照来应用排除法，见图3–4。

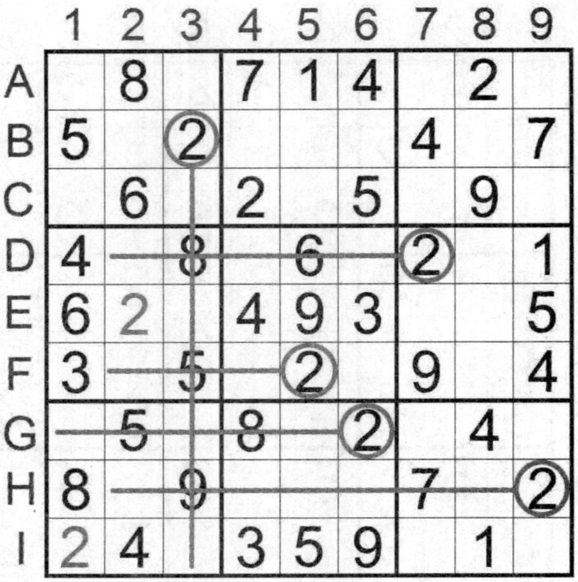

图3–4

开局观察个数较多的数字2，发现四宫和七宫没有数字2，在这两个宫周围寻找可以对其排除空格的数字2。利用D7、F5和B3三格的2对四宫排除，得到四宫内E2=2。利用G6、H9和B3三格的2对七宫排除，得到I1=2。上述两个2就是用宫内排除法填出的，这时数字2都填完了，再换一个个数较多的数字进行排除法观察，如数字4，见图3–5。

这时来观察数字4，由于一宫没有4，可以利用A6、B7和D1三格的4对一宫排除，得到C3=4。又由于八宫没有4，则利用A6、E4和G8三格的4对八宫排除，得到H5=4（图3–5）。

	1	2	3	4	5	6	7	8	9
A		8		7	1	4		2	
B	5		2				4		7
C		6	4	2		5		9	
D	4		8		6		2		1
E	6	2		4	9	3			5
F	3		5		2		9		4
G		5		8		2		4	
H	8		9		4		7		2
I	2	4		3	5	9		1	

图3–5

经过数字2和4的排除，相信大家了解如何对这种开局空格较多的数独进行观察了。随后我们继续找个数较多的数字进行排除，如数字5、数字9等，见图3–6。

	1	2	3	4	5	6	7	8	9
A	9	8		7	1	4	5	2	
B	5		2	9			4		7
C		6	4	2		5		9	
D	4	9	8	5	6		2		1
E	6	2		4	9	3			5
F	3		5		2		9		4
G		5		8		2		4	9
H	8		9		4		7	5	2
I	2	4		3	5	9		1	

图3–6

在图3–6中可以利用宫内排除法依次得到三宫内A7=5、九宫内H8=5和五宫内D4=5。四宫内D2=9、一宫内A1=9、二宫内B4=9和九宫内G9=9。

此时，题目将近做到了一半的位置，后续的步骤你可以采用本节课所学的针对特定数字在全盘运用排除法填数的方式继续推进，也可以采用上节课掌握的数空法，从空格少的宫寻找线索并排除定位的思路进行解题。两种思路没有优劣，你可以选择你习惯或熟悉的方法。

相信你可以凭借自己的能力将题目后半部分解完，并得到最终的答案，见图3–7。

	1	2	3	4	5	6	7	8	9
A	9	8	3	7	1	4	5	2	6
B	5	1	2	9	3	6	4	8	7
C	7	6	4	2	8	5	1	9	3
D	4	9	8	5	6	7	2	3	1
E	6	2	1	4	9	3	8	7	5
F	3	7	5	1	2	8	9	6	4
G	1	5	6	8	7	2	3	4	9
H	8	3	9	6	4	1	7	5	2
I	2	4	7	3	5	9	6	1	8

图3–7

三、课后总结

本课我们深入了解了宫内排除法的应用范围，对于空格较多的题目也知道开局如何寻找线索了。主要凭借已知数中个数较多的数字开始观察，并在盘面中将缺少该数字的宫逐步排除定位这些数字。

填完某个数字再换另一个数字继续寻找线索，在不同数字间循环使用该方法将空格逐步填满。

解题进入中后期时，可以继续采用单个数字全盘排除的方式解题，也可以采用数空法将题目完成。

本课后有10道与例题难度相仿的练习题，请你在学会本课的主要解题思路后，将宫内排除法运用熟练。

课后练习题

第3-1题

	2		1	3	7		8	
6		4				7		1
	3	7			6	9	2	
7		1		8				3
3			7	2	4			8
8				1		5		4
	5	8	4			3	6	
9		6				1		2
	1		2	6	9		5	

第3-2题

	3	4	1		9		8	
9		1	2			4		3
	8		3				5	9
3				6		8	1	7
			9		3			
8	4	2		1				6
4	9				1		3	
6		8			7	9		1
	7		8		4	2	6	

第3-3题

	3			5			1	
5		7	3		1	8		6
	6		8		7		5	
	2	5		1		6	9	
3			4		6			5
	7	6		3		2	8	
	9		5		3		4	
8		3	1		4	9		2
	1			6			3	

第3-4题

	8	6			2	7		
			4	3	8			1
2		1		6		5		8
7	6		3		1		5	
	5	9				1	8	
	1		5		6		3	7
5		7		1		2		9
6			9	7	5			
		8	6			3	7	

第3-5题

	5	9				7	2	
7			5	1	4			9
1		8		9		6		5
	9		1		3		8	
	1	6				9	7	
	7		6		9		1	
5		7		3		4		8
6			7	8	5			3
	8	3				1	5	

第3-6题

	4		8		7			5
8	3	6				7		2
	7		2		3	8		9
		7		4		2	9	8
			9		5			
1	6	9		8		4		
6		5	1		8		2	
2		4				9	8	7
7			4		9		6	

第3-7题

	3			7			4	
6		4	2		5	8		7
	2		3		8		9	
	1	8		6		3	2	
3			9		1			4
	6	5		2		9	7	
	4		5		7		6	
2		3	4		6	7		8
	8			3			5	

第3-8题

	1		3	7	2		9	
3		9				8		1
	6		8	1			2	
9			5		8	1		7
5		7				4		2
1		2	7		6			5
	9			3	7		5	
6		8				2		3
	5		6	8	1		4	

第3-9题

	6	3		7		4	8	
2	7						5	9
1			9	8	2			3
		4	5		7	8		
7		9				3		5
		2	6		1	9		
4			3	2	6			8
3	2						9	6
	8	6		1		2	3	

第3-10题

4		2		9		3		
			2			5		8
6	7	5		8				
			1				4	5
	9		4		2		6	
5	2				8			
				6		4	9	1
8		7			4			
		6		1		7		2

第四课　宫内排除法与标注

教学知识点

1. 了解数独中标注线索的目的。
2. 了解数独中常见的两种标注方式。

教学要求

1. 在做题时可以自然地标注解题线索。
2. 找到自己标注的习惯模式。
3. 可以在后期快速读取标注信息。

我们在上一课中学习了如何在空格较多的题目中运用宫内排除法。本课将在上一课的基础上带大家再加强对宫内排除法的观察与应用，将题目已知数量进一步减少。虽然解题方法没有新的内容，但在具体解题操作上可带大家了解标注的应用和意义。

在应用宫内排除法过程中，可以全程不做标记，像上两课的例题详解中就没有涉及标注的运用。但在解条件较少的题目时，我们在解题过程中可以随手将题目中找到的线索标记出来，为后面观察和推理起到提示作用，下面我们给出两种常见的标记的示意图，让你对标注有直观的了解。

一、标注线索示意图

1. 标注线索示意图1

在图4–1中，利用已知数3对三宫、九宫排除后，两个宫内都不能得到数字3确定的位置。三宫内数字3可以在A7和A9两格，九宫内的数字3可以在I7和I9两格。在排除过程中遇到这种在某宫内某个数字有两格不确定时，可以将这两格内各标一个小个的3，表示这个宫内数字3肯定在这两格内，但现在还不确定位置。

图4–1　标注线索示意图1

标注后如遇到上图两个宫内3的位置有对应关系，那么此时两个宫内的3是肯定无法确定的，此时就需要更换观察线路了。如果后面有别的数字占据了这四格中的某一格，则这两个3便可以定位了。

除了标注宫内某数的两格位置外，还有当宫内仅剩2—3格时，如果你数出来缺少的数字，暂时不能排除定位时，也可以先将它们标注出来，这样在后面出现排除线索后可以及时发现，也省得在某处空位进行多次重复且无用的数空了。

2．标注线索示意图2

在图4–2中，一宫三格缺少数字6、7、9，如果数出来这三个缺少的数字后仍无法定位，可以先将这三个小数字标注在三格的下方，便于后面使用该线索。又如八宫此时只剩两个空格，暂时无法将4、8数字定位，也可以先将这两个小数字分别标注在两格下方。而六宫此时两空格缺少数字7、8，由于这两格位置是相邻的，我们可以将7、8两个小数字标注在两格中线上，这样既省去了多写一次的麻烦，又对两格空白位置影响小，也是一种不错的标注方式。

我们了解了两种常见的标注方式，在解题时可以帮助我们记录很多目前用不到的线索，对后期寻找线索有较大的提示作用。下面再来详解一道数独题目，本课要求的题

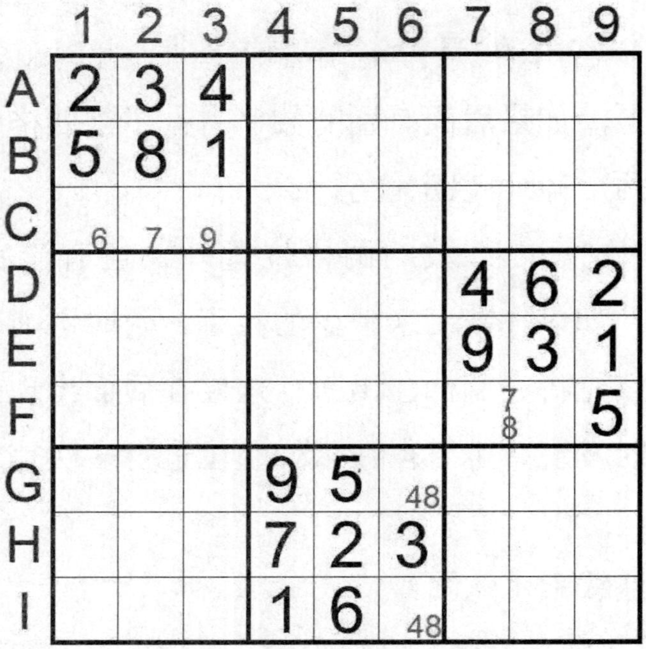

图4-2　标注线索示意图2

目已知数比上节课的会再减少一些。也希望你能尽快适应开局时已知数并不太多的题目。

二、例题详解

本题（图4-3）已知数为32个，接近于常规初级难度的标准，也是以后我们解答题目时常见的已知数个数。大家要从前几课做已知数较多的惯性中适应过来。现在虽然已知数总数少了一些，但在开局时从已知个数较多的数字开始观察排除法的方式没有变化。

	1	2	3	4	5	6	7	8	9
A		1			2	3			
B			3				8		1
C		6		8		1		3	
D	8		9		3		1		
E	1			5		8			7
F			2		1		6		3
G		9		1		7		5	
H	6		1				7		
I				2	8			1	

图4–3　讲解例题

本题开局时数字8较多，可以先全盘观察数字8的排除线索，见图4–4。

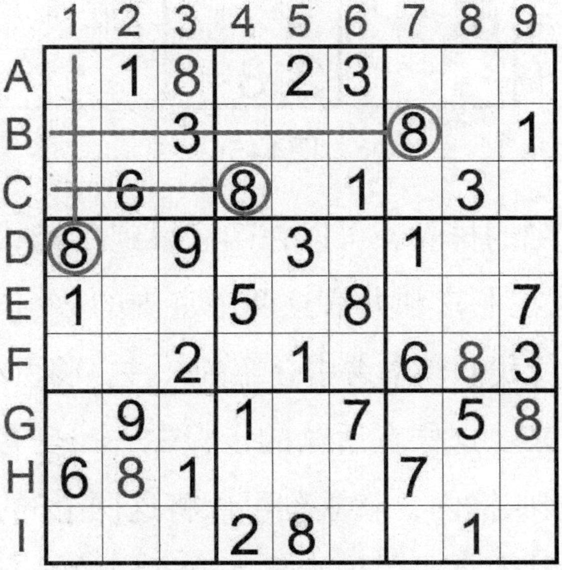

图4–4

观察数字8，可以利用B7、C4和D1三格的8对一宫排除得到A3=8，随后再对七宫排除，可以得到H2=8，继续排除还可以得到九宫和六宫内的8分别在G9和F8格内。

在数字8全部排除出来后，我们换个数字观察，来看数字3的排除线索，见图4–5。

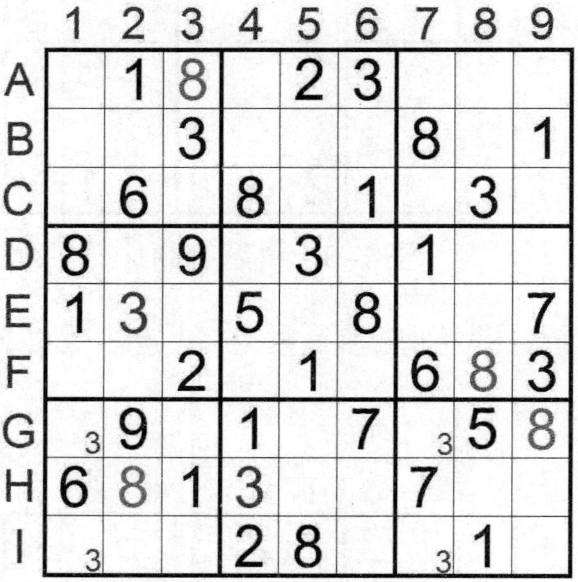

图4–5

观察数字3的排除，可以在四宫得到E2=3，在八宫得到H4=3。这时在七宫和九宫这两个宫内的数字3暂时无法定位，可以进行我们在本课中介绍的标注，将两处数字3可能的位置标出来。这样在后续的步骤中，一旦有某数字出现在标注3的这四格内，就立刻可以将这两个3的位置确定。而标注出这种两宫对应位置且不能确定的情况，也表明这里两处的3肯定不能确定，不需要在此处多浪费时间继续观察了。

在数字3暂时也没有线索后，我们再换一个数字进行观察，来看数字6，见图4–6。

	1	2	3	4	5	6	7	8	9
A		1	8		2	3			
B			3				8		1
C		6		8		1		3	
D	8		9		3		1		
E	1	3	6	5		8			7
F			2		1		6	8	3
G	3	9		1	6	7	3	5	8
H	6	8	1	3			7		
I	3			2	8		3	1	6

图4–6

观察数字6，先利用C2和F7两格的6对四宫排除，在四宫得到E3=6。随后利用F7和H1两格的6对九宫排除，得到H9=6，再在八宫内得到G5=6。这时，五宫、二宫和三宫内的数字6相互牵制，无法定位，继续更换数字来观察数字2的排除。

观察数字2的宫内排除，可以依次得到五宫、七宫和一宫内的数字2。又由于在七宫内得到G1格填2，将刚才不确定的数字3位置占据了一格，所以七宫内数字3只能在I1格，则九宫内数字3在G7格。你在解题过程中使用过的标记不需要擦掉，像图4–7中显示的样子留在盘面中即可。

	1	2	3	4	5	6	7	8	9
A		1	8		2	3			
B		2	3				8		1
C		6		8		1		3	
D	8		9		3	2	1		
E	1	3	6	5		8			7
F			2		1		6	8	3
G	2 (3)	9		1	6	7	3 (3)	5	8
H	6	8	1	3			7		
I	3 (3)			2	8		(3)	1	6

图4–7

随后可以在五宫、二宫和三宫内将剩余的三个6依次排除出来，又可以将数字7用宫内排除法依次在三宫、二宫、一宫、五宫、四宫和七宫内全部得出。得到图4–8的样子。这时，解题进入了后期，可以按数空法的方式逐宫进行线索整理，见图4–9。

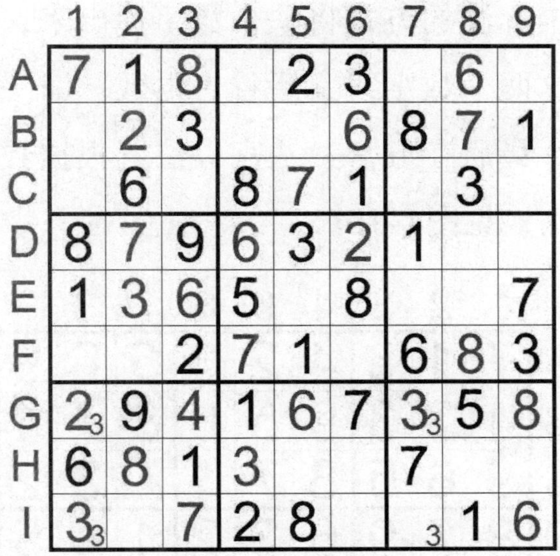

图4–8

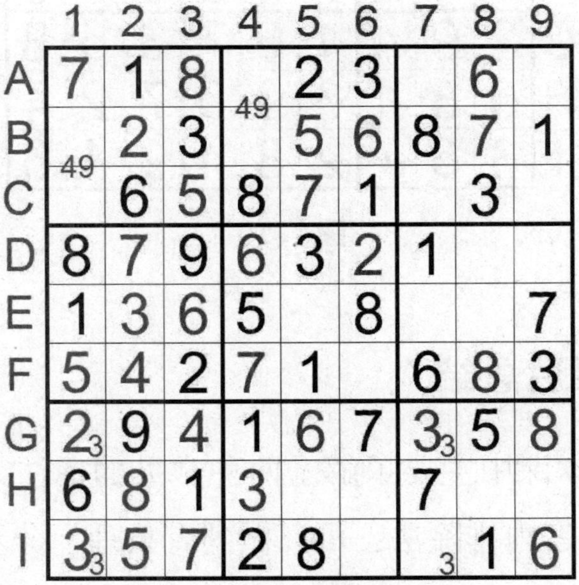

图4–9

可以先将七宫、四宫、一宫和二宫内补空填上一些数字，这时一宫和二宫内两空格都缺少数字4、9，可以用我们本课内容中标注的方式将缺少数字标出来，这样在后面三宫内得到这两个数字线索后省去再数一遍一宫和二宫内空格的步骤。最后在五宫、八宫等位置根据数空法可以将空格完全填满，见图4–10。

	1	2	3	4	5	6	7	8	9
A	7	1	8	4	2	3	5	6	9
B	4	2	3	49 9	5	6	8	7	1
C	49 9	6	5	8	7	1	4	3	2
D	8	7	9	6	3	2	1	4	5
E	1	3	6	5	4	8	2	9	7
F	5	4	2	7	1	9	6	8	3
G	2 3	9	4	1	6	7	3 3	5	8
H	6	8	1	3	9	5	7	2	4
I	3 3	5	7	2	8	4	9 3	1	6

图4–10

三、课后总结

我们在本课中主要了解了两种常见的标注方法，结合之前学过的宫内排除法，可以做到有条理、分步骤、有标注地运用排除法解题了。本课题目已知数相对前两课少了很多，这要求我们开局时需要更加细心地寻找各种排除线索，并在某些情况下进行标注线索，为后续步骤衔接得更加流畅作出铺垫。

题目中标出的提示小数字并不需要擦掉，在最终判断数独答案是否正确时，是根据格内最大数字作出判断的，只要你用后面确定的大数字填在格内就不会导致题目被认定为错误。虽然看起来稍显凌乱，但在后续学习和运用更多技巧时，必要的标注是不可或缺的，所以我们需要在刚开始接触数独时就适应盘面上有其他标注的情况下进行观察。不清理标注数字还有另一方面的理由，就是如果在竞速比赛时经常擦数字会很影响速度，就算在不竞速的情况下擦数字也会打断思路和观察的惯性。根据上述两方面原因，玩家要习惯在盘面有标注的情况下正常地观察线索。

本课后同样给大家设置了10道难度适当的练习题，请你在做题过程中尝试本课学习的标注方式，习惯这种做题小技巧并能在后面用到该线索时及时读取这些标注信息。在本课我们使用标注的作用有限，但不要由于不标注也可以解题就忽视练习，因为在后面学习的技巧中标注会起到很重要的作用，我们在本课的练习题只是作为一种铺垫，让你可以循序渐进地进行标注的练习。

课后练习题

第4-1题

	9		2	8			1	
2		4						3
			9		4		7	
		9		7		2		8
6			3		8			7
1		7		5		6		
	2		8		6			
3						8		5
	6			1	3		2	

第4-2题

			4			1	3	
2		4	7		3			
9				8			4	
	3		2		5		1	7
		1				3		
7	2		3		6		5	
	4			9				1
			8		1	5		4
	8	7			4			

第4-3题

	6			4			5	
3			7		8			6
		5		6		1		
	9		8		2		7	
2		7				9		1
	5		9		6		8	
		6		9		2		
5			6		1			9
	7			2			1	

第4-4题

1						8	5	3
9		4			7			
6			2		5		9	
	7	2		8		3		
			1		4			
		5		9		4	2	
	8		3		2			5
			9			6		2
2	6	1						7

第4-5题

	3	6		7		2	5	
5	9						1	4
8				2				9
			9		1			
6		9				8		5
			8		7			
7				1				3
3	8						2	7
	6	4		3		5	8	

第4-6题

	4			3			2	
3		2				1		5
	6		2		1		7	
		4		7		6		
6			5		2			9
		5		6		2		
	2		1		8		4	
4		1				8		6
	9			5			1	

第4-7题

		4				6	7	5
			6	3	5			
		2		7				8
	6		1		8		9	
3		1				5		2
	9		3		2		8	
1				8		2		
			7	9	4			
8	7	3				4		

第4-8题

			2		8		1	
2		4		6		3		
	3		4		5		2	
9		6				2		3
	2			1			6	
5		8				4		1
	6		5		2		3	
		2		7		1		5
	5		3		1			

第4-9题

	2		3		5		8	
8		1				3		5
	3	9		4		1	2	
2								3
		3		8		7		
1								8
	5	4		3		2	7	
3		2				5		6
	1		5		6		3	

第4-10题

	8			3		4		
			6		5	1		3
6	3			2				
	1		5		6		4	
2		4				6		7
	9		2		8		1	
				5			6	1
1		8	4		2			
		9		1			7	

第五课　初级技巧——区块排除法

教学知识点

1. 了解区块的概念。

2. 了解区块在解题中的重要性。

教学要求

1. 可以熟练地标注区块。

2. 可以及时地运用区块条件进行推理。

经过了几节课的学习和练习，相信大家对宫内排除法已经有了比较深入的了解，同时也对题目初期如何寻找线索较多的数字，以及题目中后期如何利用数空法收尾有了一定的心得体会。再加上第四课介绍的标注方法，可以帮助大家在解题过程中随时记录一些有用的线索。在掌握上述技能后，我们将在本课学习一种新的解题技巧——区块排除法，利用该思路可以将宫内排除法的解题效力翻倍。这种区块思路也是数独玩家在接触数独前期需要重点理解和掌握的解题思路。

下面我们给出两个区块排除法的示意图，让大家可以直观认识什么是区块排除法。

一、区块排除法示意图

1．区块排除法示意图1

在图5-1中，利用B2格的已知数3对三宫进行排除，在三宫内数字3的位置可能在A8格也可能在C8格，我们将这样两格不确定的情况标注两个小的提示数字3，表示三宫内数字3只能在这两格内。

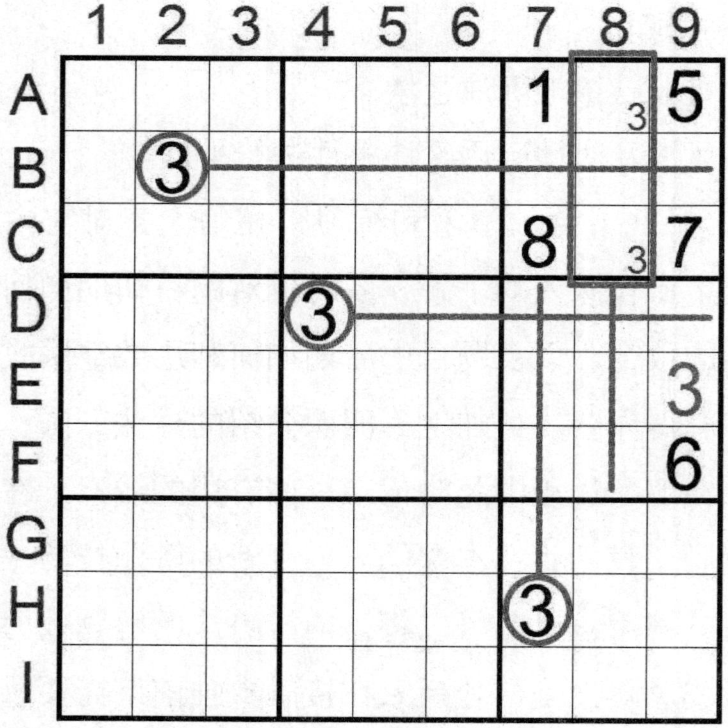

图5-1　区块排除法示意图1

这时无论最终A8格是3，还是C8格是3，都可以对8列其他格产生排除效果。我们将这种一个宫内并排两格或三格内必含某数的结构称为“区块”。

由于三宫内形成了一个含3的区块，再结合D4和H7两格的3对六宫排除，得到六宫内只有E9=3。我们将结合区块条件运用的排除法称为“区块排除法”，这也是本课的核心技巧。

2．区块排除法示意图2

在图5–2中，利用B4和F8两格的8对五宫排除，在五宫内形成一个含8的区块，该区块由D6和E6两格组成。由于在五宫内8要么在D6格、要么在E6格，无论哪种情况都可以排除6列其他格内的8。所以，利用这个区块再结合B4和G2两格的8对八宫排除，得到在八宫内只有H5一格可以填入8。本示意图同样是利用区块，即五宫内含8的区块再结合其他位置的8对八宫进行的区块排除法。

看过两个示意图后，相信大家对区块排除法的概念有了一定的了解。需要注意的是，在寻找宫内排除法的线索时，应随手标注区块的线索，区块能发挥排除作用时就立即应用。有时区块当时无法发挥作用，这时区块标注出来，对后期也会起到提示作用。

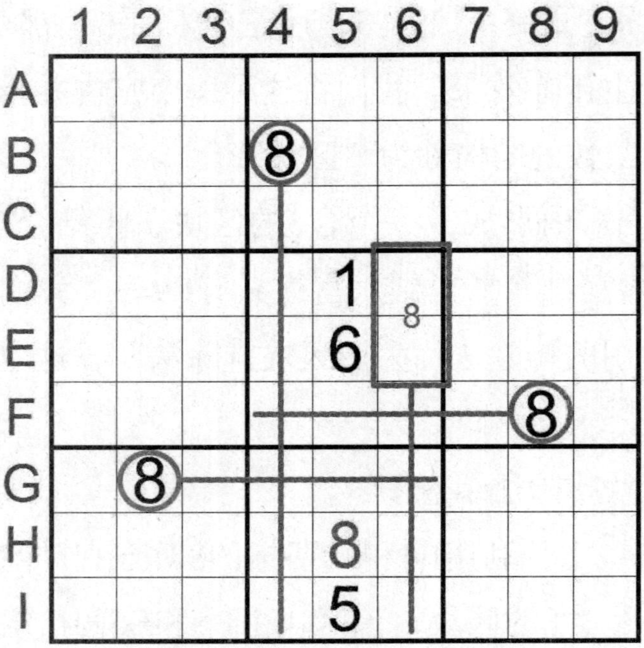

图5-2　区块排除法示意图2

二、例题详解

学会利用区块配合排除法后，我们在解题观察和运用排除法时会更加流畅，对于运用宫内排除法无法衔接的线索，利用区块条件就有可能将断开的思路连在一起。但要注意的是，虽然我们多学了一种方法，但解题的大部分步骤还是利用宫内排除法直接完成的，并不是全盘刻意去找区块线索，而是在运用宫内排除法的过程中自然标注形成的区块，再在可以运用区块排除时及时应用。接下来我们将以图5-3中的题目作为例题进行讲解。

	1	2	3	4	5	6	7	8	9
A				5	3		7	9	
B		7	3	2				8	5
C		5	6						
D	3	6	4				5		
E		2						6	
F			1				3	4	2
G							6	7	
H	6	4				5	8	3	
I		3	7		4	1			

图5-3　讲解例题

本题我们先从个数较多的数字3和6入手，开始寻找排除法线索，见图5-4。

	1	2	3	4	5	6	7	8	9
A				5	3		7	9	6
B		7	3	2	6			8	5
C		5	6						3
D	3	6	4				5		
E		2		3		3		6	
F			1		6		3	4	2
G				3		3	6	7	
H	6	4				5	8	3	
I		3	7	6	4	1			

图5-4

由于数字3较多，可以先在三宫排除得到C9=3，随后五宫和八宫两处的数字3无法判定。再观察数字6，可以在三宫得到A9=6、在八宫得到I4=6，随后二宫和五宫两处的数字6无法判定。由于这两个数字线索用尽，再换别的数字寻找排除线索，见图5–5。

	1	2	3	4	5	6	7	8	9
A				5	3		7	9	6
B		7	3	2		6		8	5
C		5	6					2	3
D	3	6	4				5		
E		2		3		3		6	
F			1			6	3	4	2
G				3		3	6	7	4
H	6	4				5	8	3	
I		3	7	6	4	1	2	5	

图5–5

接下来观察数字5，在九宫可以排除得到I8格填5。然后再对九宫排除4，得到G9格填入4。再利用F9格的2对九宫排除，得到I7格填2，随后利用I7格的2对三宫排除，得到C8格填2。这时其他宫内的数字5、4和2也无法排除得到，还需要更换数字继续排除，由于这几步都是在三、六、九宫附近排除得到的线索，那么下面的突破口也可能在这附近区域。

在上步后，利用I6格的1对九宫排除，得到H9=1和I9=9。这时8列和I行都仅剩一个空格，可以将其补上，得到D8=1和I1=8。随后又可以利用刚得到I9格的9对六宫排除，得到E7=9。三宫和六宫剩余两格的数字也标注出来，方便后续用到时的观察，见图5–6。

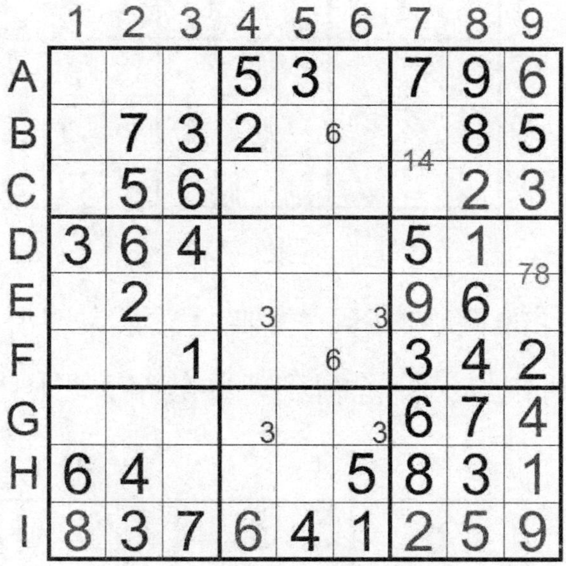

图5–6

此时题目用宫内排除法没有线索了，需要挖掘本课所学的区块线索，见图5–7。

在图5–7中，利用A8格的9对一宫排除，在一宫内形成一个含9的区块，该区块由B1和C1两格组成，利用该区块可以对下方的四宫排除，再结合E7格的9，在四宫内排除可以得到F2=9。这一步就是运用本课讲到的区块排除法，

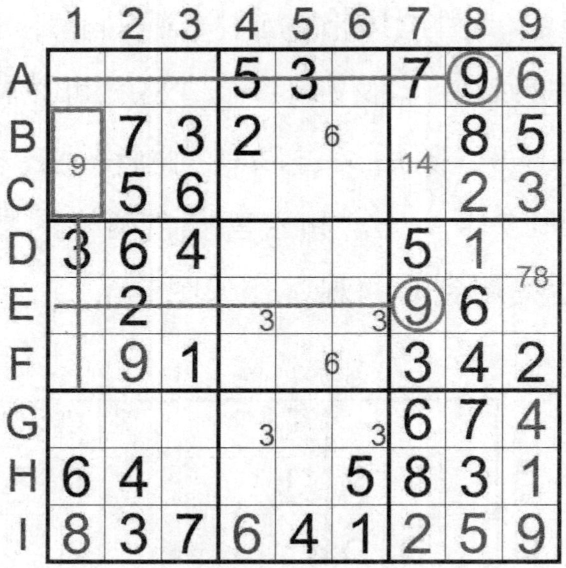

图5-7

也是我们本课的核心内容，需要大家深入理解和掌握。此步过后，又可以继续排除得到一些数字，见图5-8。

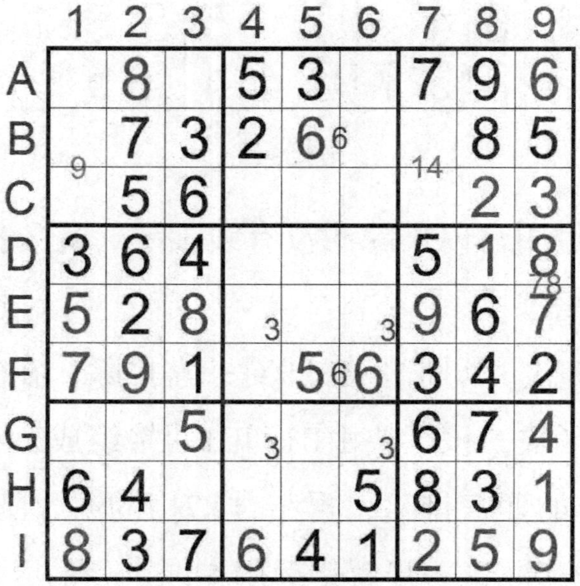

图5-8

在四宫数字9填出后，利用I1格的8对四宫排除，可以得到E3=8，随后将六宫的数字7、8一起带出。再利用六宫得到的7对四宫排除，得到F1=7和E1=5。然后再利用数字5对五宫排除，在五宫得到F5=5。这时把前面步骤在此标注的数字6位置确定了，得到五宫和二宫的数字6分别在F6和B5格内。后面可利用排除法将题目全部填完，见图5–9。

	1	2	3	4	5	6	7	8	9
A	1	8	2	5	3	4	7	9	6
B	4	7	3	2	6	9	1	8	5
C	9	5	6	1	8	7	4	2	3
D	3	6	4	9	7	2	5	1	8
E	5	2	8	4	1	3	9	6	7
F	7	9	1	8	5	6	3	4	2
G	2	1	5	3	9	8	6	7	4
H	6	4	9	7	2	5	8	3	1
I	8	3	7	6	4	1	2	5	9

图5–9

继续在七宫、一宫、二宫、五宫等位置都可以依次用排除法得到剩余的数字，后续步骤不再赘述，相信你可以将余下的空格全部填满。

三、课后总结

本课我们了解和学习了区块的应用及将区块条件与排除法相结合的区块排除法。区块条件在标准数独中应用非常普遍，是将排除法融会贯通的技巧。熟练掌握区块后，排除法的观察速度与突破卡点的能力会大大提升。

在应用宫内排除法的过程中，应养成随手标注的习惯，这样不仅可以清晰标明区块，为后续步骤做铺垫还可以作为后期收尾时的线索提示。当然，在以后学习更高水平技巧的时候，标注也是不可或缺的。所以，爱好者在初学阶段就应养成这个习惯。可能有些人会觉得盘面标注会显得有些乱，但这也是练习标注需要适应的地方，你要在盘面较乱的情况下依旧能观察线索，不受其影响。

本课后有10道需要借助区块法才能解决的题目，希望你在练习后可以对区块有更深入的理解和更熟练的应用能力。

课后练习题

第5-1题

2			6	8	9			5
				7			1	9
9						2		
		2	4			1	9	
	7		9		8		6	
	9	4			5	3		
		6						3
7	2			4				
1			8	5	2			6

第5-2题

5		9				4	2	8
3					2	7		
2	4	7				5		3
	2			6				
			3		9			
				2			8	
8		5				3	4	2
		2	4					7
4	3	1				8		9

第5-3题

	3		9				6	5
7			3				1	
1			2			7		
6			7		4	3		
4		5				6		2
		1	5		2			4
		3			7			6
	1				5			7
9	4				3		2	

第5-4题

2		1				7		
				2	5			1
5		9				2		
3				4		1	9	5
7	9						3	8
1	8	5		9				7
		3				8		2
9			2	1				
		2				9		6

第5-5题

				1	5	6	3	
5				6	3			
3		1			8	9		
1	8	2						
9	3						6	4
						1	8	9
		3	6			7		8
			1	8				6
	1	6	5	3				

第5-6题

8	2				4	9		3
				9				4
4		1	3	2		8		
2						7		
	8	4				3	9	
		7						6
		2		1	8	5		9
5				6				
7		9	2				3	8

第5-7题

6			9			5	4	8
			1					9
	7	9	5			3	1	
				7			6	
5	9						2	7
	6			5				
	1	6			5	7	8	
3					6			
4	5	8			1			6

第5-8题

			8	5			6	
9		1				4		
	2	6	9	1		7	8	
						1		7
2		7				3		8
1		3						
	1	9		8	5	2	7	
		5				6		9
	4			7	9			

第5-9题

9		3		8			6	1
1			5	2				
			1	9				2
						6	8	
8	3	4				9	2	7
	9	7						
3				1	2			
				6	5			3
5	4			7		2		6

第5-10题

			7	8		5		
						7		
7	6		3	1	5			
		5		6		2		9
1		8	9		3	4		7
9		6		7		1		
			8	9	7		1	4
		4						
		7		3	6			

第六课　初级技巧——行列排除法

教学知识点

1. 了解行列排除法的概念。

2. 了解行列排除法可以和区块排除法互换。

教学要求

1. 可以运用行列排除法作出推理。

2. 在解题时可以做到观察宫与观察行列的切换。

我们在前面几课将排除法中应用最多的宫内排除法与区块排除法进行了详细的讲解，相信读者对数独的解题模式已经有了初步的了解，也可以实际操作解出初级难度的数独题目了。本课将再介绍一种比较常见的排除法类型，也是对我们之前只依靠观察宫的方位进行寻找线索的有效补充。

本课介绍的技巧是利用对某行或某列进行观察的排除法，我们将其称为“行列排除法”。下面我们给出两个行列排除法的示意图作为例子，让你对这种思路有个直观的认识。

一、行列排除法示意图

1．行列排除法示意图1

在图6–1中，利用D2格的已知数4对7列排除，根据数独规则D7格内不能再填入数字4，这时7列只有H7格可以填入数字4。同理，利用D2格和G4格的已知数4对B行排除，根据数独规则B2和B4格内不能再填入数字4，这时B行只有B8格内可以填入4。

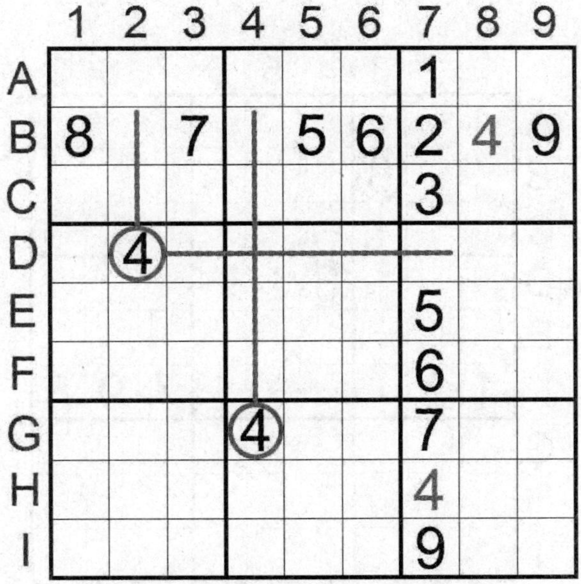

图6–1　行列排除法示意图1

这个示意图中，利用数字4对7列和B行分别进行排除并得到确定数字的方法就是“行列排除法”。行列排除法与宫内排除法的区别在于针对不同的区域目标进行排除，利用某数针对某宫排除并得到某格填入该数是宫内排除法，而针对某行或某列排除得到某格填入该数就是行列排除法。

2．行列排除法示意图2

在图6–2中，利用B3和D4两格的8对F行进行排除。来观察D4格的8，由于其在五宫内，根据数独规则，五宫其他格内不能再填入8，因此可以排除掉F4、F5和F6三格内的数字8。这时，观察F行，只剩F9格可以填入8了。本示意图是利用数字8对F行进行排除，并得到F行内数字8确定填数的位置，也属于我们本课所介绍的行列排除法思路。

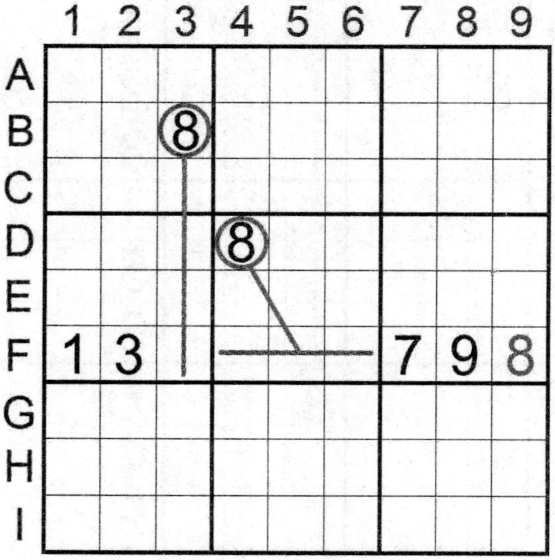

图6–2　行列排除法示意图2

但上面示意图还有另外一种思路可以得到F9格填8，那就是利用我们之前学的区块排除法。可以利用B3和D4两格的8在四宫内形成一个含8的区块，利用这个区块结合D4格的

8，可以对六宫排除并得到F9格填8。从这个示意图中我们了解到，有些情况下，区块排除法和行列排除法是可以相互转换的，在解题过程中，根据不同的观察顺序，有时可能看到区块排除法的角度，有时也会看到行列排除法的角度。

我们在解题时应保持多观察宫的角度寻找线索的方式，只是在遇到某些情况下，观察宫或区块较难处理时，再利用观察行列的角度去排除得到线索。还有时题目初期会有行列线索很明显的时候，这种情况下先将容易处理的行列线索确定，也属于常见的解题方式。

二、例题详解

我们以图6–3中的题目作为例题进行讲解。

	1	2	3	4	5	6	7	8	9
A			2	9					4
B	7	5		6	3	2		9	
C			8						
D		7	9	3		1		2	6
E									
F	5	6		2		4	7	1	
G							9		
H		8		5	2	9		4	3
I	4					3	2		

图6–3

解题初始时，还是先找出现有个数较多的数字，观察这些数字的排除线索。可以先观察数字2和数字9。

观察数字2，利用A3、B6、D8和I7四格内的数字2对三宫排除，在三宫得到只有C9格填2。而四宫和七宫内的数字2无法定位，先标注出来。同理，观察数字9，利用G7、H6和D3三格的9对七宫排除，在七宫内得到I2格填9。继续对一宫排除，得到C1格填9。数字9在五宫和六宫内也无法定位，先标注出来，再换别的数字寻找线索，见图6-4。

	1	2	3	4	5	6	7	8	9
A			2	9					4
B	7	5		6	3	2		9	
C	9		8						2
D		7	9	3		1		2	6
E	(2)								
F	5	6		2	(9)	4	7	1	(9)
G	(2)						9		
H		8		5	2	9		4	3
I	4	9				3	2		

图6-4

如图6-5所示，继续观察数字4，利用A9格和F6两格的4对二宫排除，在二宫内形成一个含4的区块，利用该区块再对一宫排除，得到B3格填4。随后，用数字4对四宫排除，得到E2格填4。这时把刚才标注的数字2打破了，顺便

	1	2	3	4	5	6	7	8	9
A	6		2	9					4
B	7	5	4	6	3	2		9	
C	9		8						2
D		7	9	3		1	4	2	6
E	2	4							
F	5	6		2		4	7	1	
G		2					9		
H		8		5	2	9		4	3
I	4	9				3	2		

图6–5

得到E1格填2和G2格填2。然后，继续观察4，可以在六宫排除，得到D7格填4。还可以利用F2格的6对一宫排除，得到A1格内填入6。此时，可以应用本课所学的行列排除法了。

由于上步之后，D行仅剩两个空格，H行仅剩三个空格。遇到这种行列内空格较少的情况下，可以针对这个行列进行观察，看是否可以应用排除法。观察D行发现两空格缺少数字5和8，可以利用F1格的5对D行排除，得到D5格填5和D1格填8。再观察H行三个空格缺少数字1、6、7。可以利用B1和F7两格的7对H行排除，得到H3格填7。再用A1格的6对H行排除，得到H7格填6和H1格填1，如图6–6所示。

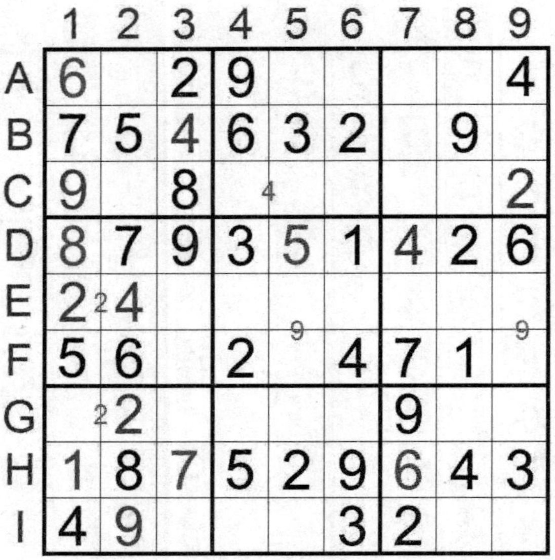

图6–6

此步解完后，又可以根据宫内排除法继续填出一些数字，如图6–7所示。在上步将D行和H行利用排除法填满

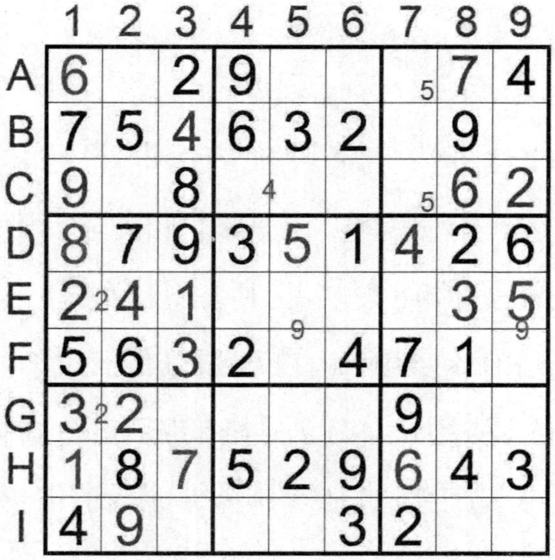

图6–7

后，可以在七宫排除得到G1=3。在四宫排除，得到E3=1和F3=3。然后对三宫排除得到C8=6和A8=7。然后利用H9格的3对8列排除，得到E8=3。最后，在三宫发现含5的区块，利用该区块对六宫排除，得到六宫内E9格填入5。这样又可以将之前标注在六宫和五宫内的提示数9确定位置。

随后可以依次将六宫、五宫、二宫等有空格的宫内数字依次填满。所用的方法全部是宫内排除法，详细步骤不再赘述。最终得到本题的答案，见图6–8。

	1	2	3	4	5	6	7	8	9
A	6	3	2	9	1	8	5	7	4
B	7	5	4	6	3	2	1	9	8
C	9	1	8	4	7	5	3	6	2
D	8	7	9	3	5	1	4	2	6
E	2	4	1	7	9	6	8	3	5
F	5	6	3	2	8	4	7	1	9
G	3	2	6	8	4	7	9	5	1
H	1	8	7	5	2	9	6	4	3
I	4	9	5	1	6	3	2	8	7

图6–8

三、课后总结

我们在解题目（图6–3）的过程中，主要还是利用宫内排除法与区块排除法相结合的传统方式。仅在中期有两步用到了针对D行和H行的行列排除法。这就是我们所强调的，主要应用宫结合区块寻找线索而行列排除法作为补充的思路。也就是说，在解题过程中，某个连续的线索使用完毕后，恰好有某行或某列空格较少，这时可以针对这行或这列观察线索。否则还是按照更换数字、寻找宫内排除线索或区块线索的模式继续观察。

了解和掌握行列排除法后，我们解题的观察方式又多了一种，可以更加多角度地观察解题了。这似乎使我们的思路变得混乱了，但将这两种观察方式融会贯通并可以灵活切换，是我们接触数独前期的重要练习方向。

本课后面有10道排除法练习题，请你尝试利用宫、区块和行列多种角度寻找线索解题。

课后练习题

第6-1题

		8		9	3		2	
5			7	2	6			
								7
1	6			3			8	
2	9		6		8		7	3
	8			7			5	6
6								
			9	1	4			8
	1		3	6		7		

第6-2题

	2			6			1	
			3	1			8	2
1			8		2		9	3
					1		4	9
		5				1		
9	1		2					
5	6		4		3			8
4	8			5	6			
	9			8			5	

第6-3题

7				3	1		9	2
1	9			5	7	3		
		6		9				
		9				7		3
2								9
6		3				5		
				7		9		
		7	3	4			8	1
8	1		9	2				7

第6-4题

			6			1		
		5			8			
9		2	4		7	8	3	
	4	6		7		2		8
			5		6			
8		9		4		5	6	
	8	1	7		5	9		4
			1			7		
		4			2			

第6-5题

			9				4	
7	6	4				3	9	
	1	9			6	2	5	
		6	2		7			9
2			5		4	8		
	7	2	8			1	6	
	3	1				7	8	4
	4				1			

第6-6题

			4		8		1	3
					7		8	6
		4	6	3			9	
7		1	3					9
			7		4			
2					5	3		7
	1			7	3	9		
4	7		5					
9	3		1		2			

第6-7题

9			3	2			8	
	3	8						1
	5	1	4			6	3	
					4	1		
	4		2		6		5	
		7	1					
	8	5			7	3	1	
3						4	7	
	7			1	3			5

第6-8题

		3					2	
7	2				1	8	4	
	4	5	7			3		9
	1			7		9		
			1		8			
		2		5			7	
2		8			5	4	3	
	5	6	3				8	2
	3					5		

第6-9题

		5	7		6		8	
8	2	6	3				5	
							3	6
6			9		8		1	3
2	8		6		3			7
7	3							
	1				2	3	7	4
	6		4		7	8		

第6-10题

3		7				8	6	
9				3	8			
		8	9		6		3	
			1	9				3
	3	1				9	7	
2				4	3			
	4		8		9	5		
			3	6				4
	8	2				3		6

第七课　初级技巧——剩余数组排除法

教学知识点

1. 了解剩余数组的概念。

2. 了解同行列的数组可以起到区块的作用。

教学要求

1. 在解题过程中可以随手标注剩余数组。

2. 可以将剩余数组作为区块条件进行解题。

我们在前几课中，循序渐进地讲解了宫内排除法、区块排除法和行列排除法，相信大家对数独中常用到的排除法和观察方式已经有了一定的了解。本课内容属于一个小的分支，可以算是区块排除法的一种特殊情况，由于这种情况稍微特殊，不特意提醒大家注意的话，可能有些爱好者会忽略这样的线索。

一、剩余数组示意图及其排除法

1. 剩余数对示意图及其排除法

在图7–1中，四宫目前有两个空格内没有确定数字，D2和D3

两格内的数字8和9是待定的状态，我们将这种两格内仅能填入两数的结构称为数对，而这个数对是由于四宫其他位置都填满后，剩余两格形成的，我们可以称其为“剩余数对”。

在这里的剩余数对8、9可以当作区块8和区块9来应用，此示意图用到的线索是区块8，利用区块8结合H9格的8对六宫排除，得到六宫内只有F7格可以填入8。

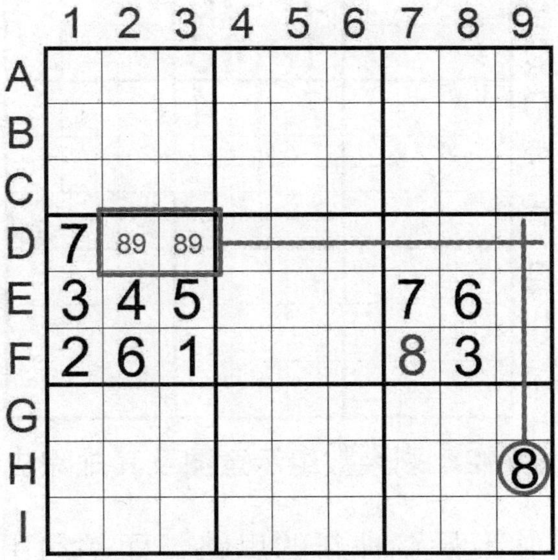

图7-1　剩余数对示意图及其排除法

剩余的两空格含两数，我们称为数对，那么剩余三空格含三数，我们称为数组。如果某宫内剩余的三格处于同行或同列，我们同样可以利用它来充当区块，为我们推理作帮助。

2. 剩余数组示意图及其排除法

在图7-2中，二宫剩余的三个空格A5、B5和C5内可填入数字4、7、9，但暂时这三数均不能定位，我们将这三格内必含三数称为数组。而且这三格同处在5列内，符合区块的结构。我们可以将这三格当成区块4、区块7和区块9来使用。此示意图我们应用的是区块7，利用该区块7结合E2和F9两格的7对五宫排除，可以得到D4格填入7。

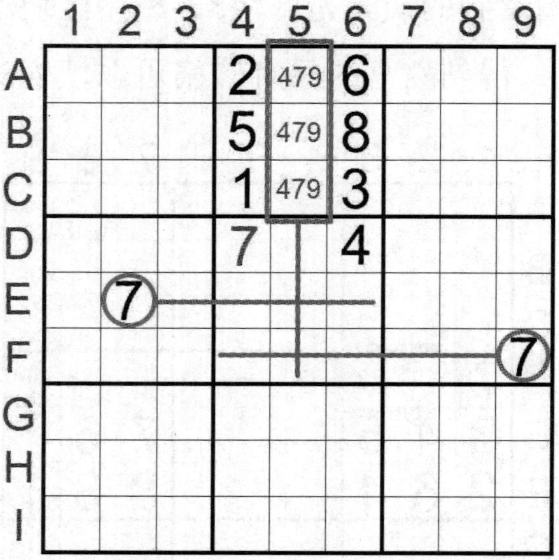

图7–2　剩余数组示意图及其排除法

本课内容并不是一种新的思路，而是利用剩余格内数字形成的区块进行排除，需要大家留意一些局部的线索，如果某宫内仅剩两格或三格，不妨将这里的数对或数组先标注出来，这样比较便于后续线索的查找。

二、例题详解

接下来，我们以图7–3中的题目作为例题进行讲解。

	1	2	3	4	5	6	7	8	9
A	5	3			8	4		1	7
B					2				
C	6		8				3		5
D		1			7		2		
E	3		6				7		8
F			5		3			4	
G	2		9				4		1
H					6				
I	4	8		2	9			7	6

图7-3

题目初始时，找出题目中个数较多的数字，先来看数字4的排除线索，见图7-4。

	1	2	3	4	5	6	7	8	9
A	5	3			8	4		1	7
B					2				4
C	6	4	8				3		5
D		1	4		7		2		
E	3		6		4		7		8
F			5		3			4	
G	2		9				4		1
H				4	6				
I	4	8		2	9			7	6

图7-4

开始观察4，利用F8和G7两格的4对三宫排除，得到B9=4。接着再用刚得到B9格的4和A6格的4对一宫排除，得到C2=4。再对四宫排除，得到D3=4。利用A6和G7两格的4对八宫排除，得到H4=4。最后在五宫排除得到E5=4。数字4全部填完后，换数字查找线索，见图7–5。

	1	2	3	4	5	6	7	8	9
A	5	3	2		8	4		1	7
B					2				4
C	6	4	8				3	2	5
D		1	4		7		2		3
E	3		6		4		7		8
F			5		3			4	9
G	2		9				4		1
H				4	6				2
I	4	8		2	9			7	6

图7–5

再来观察数字2，利用B5格的2对一宫排除，得到A3=2。再对三宫排除，得到C8=2。随后继续对九宫排除，得到H9=2。这时9列还有两个空格D9和F9，缺少数字3和9，利用F5格的3对9列排除，可以得到D9=3和F9=9。随后再换数字寻找线索，见图7–6。

	1	2	3	4	5	6	7	8	9
A	5	3	2		8	4		1	7
B					2				4
C	6	4	8		1		3	2	5
D		1	4		7		2		3
E	3		6	1	4		7		8
F			5		3		1	4	9
G	2	6	9		5		4		1
H				4	6				2
I	4	8		2	9	1		7	6

图7–6

先用E3和H5两格的6对七宫排除，得到G2=6。然后观察数字1，利用A8格的1对六宫排除，可以得到F7=1。利用G9格的1对八宫排除，在八宫内形成一个含1的区块，利用该区块对五宫排除，得到E4=1。再对二宫排除，得到C5=1。这时5列仅剩一个空格G5，则可以将数字5填入。然后，继续寻找5的线索，如图7–7所示。

利用A1和F3两格的5对七宫排除，得到H2=5。再对九宫排除，得到I7=5。六宫这时剩余两格缺少数字5和6，利用E3格的6对六宫排除，得到D8=6和E8=5。

现在来看一宫剩余的三格，缺少数字1、7、9，那么这里形成了一个剩余数组，此处可以分别充当这三个数字的区块来使用，本题应用的是区块9，利用该区块对三宫排除，得到A7=9。此步过后可以连续排除确定若干数字的位置，见图7–7。

	1	2	3	4	5	6	7	8	9
A	5	3	2		8	4	9	1	7
B	179	79	17		2				4
C	6	4	8		1		3	2	5
D		1	4		7		2	6	3
E	3		6	1	4		7	5	8
F			5		3		1	4	9
G	2	6	9		5		4		1
H		5		4	6				2
I	4	8		2	9	1	5	7	6

图7–7

在三宫得到A7=9后，利用D8格的6对三宫排除，得到B7=6和B8=8。再用得到的B8格的8对九宫排除，得到H7=8，然后再用G3格的9对九宫排除，得到H8=9和G8=3。这时A行仅剩的空格A4内填入数字6，随后再对五宫进行排除，得到F6=6，如图7–8所示。后续步骤仅用宫内排除法就能完成，先在五宫和四宫排除出2，很快可以填完，并得到答案，如图7–9所示。

	1	2	3	4	5	6	7	8	9
A	5	3	2	6	8	4	9	1	7
B					2		6	8	4
C	6	4	8		1		3	2	5
D		1	4		7		2	6	3
E	3		6	1	4		7	5	8
F			5		3	6	1	4	9
G	2	6	9		5		4	3	1
H		5		4	6		8	9	2
I	4	8		2	9		5	7	6

图7–8

	1	2	3	4	5	6	7	8	9
A	5	3	2	6	8	4	9	1	7
B	9	7	1	3	2	5	6	8	4
C	6	4	8	9	1	7	3	2	5
D	8	1	4	5	7	9	2	6	3
E	3	9	6	1	4	2	7	5	8
F	7	2	5	8	3	6	1	4	9
G	2	6	9	7	5	8	4	3	1
H	1	5	7	4	6	3	8	9	2
I	4	8	3	2	9	1	5	7	6

图7–9

三、课后总结

在本课中，我们要继续熟练掌握宫内排除法、区块排除法和行列排除法的应用。此外，我们了解了宫内剩余2—3个空格时，有时也可以带出隐藏的线索，千万不要忽视这些空格位置的线索。通常情况下，我们在宫或行列仅剩2—3个空格时，先把这2—3个数字标注出来，这样对我们的后续应用会起到明显的提示作用。本课后给出了10道含有剩余数组线索的练习题供大家熟悉这种解题思路。

课后练习题

第7-1题

9	7	8	6				5	4
3	1						6	7
		6				8		1
			5		6			9
5			4		9			
6		2				7		
8	3						1	2
7	5				8	4	3	6

第7-2题

	6	3				2		
		9			6	7		4
8	5	4				3	6	9
	9		6		3			
			2		9		3	
9	3	1				4	7	8
5		8	7			6		
		7				5	2	

第7-3题

		8	2	9		3		
	7	9						6
			5					1
3	2	7		5		4	1	
			9		4			
	9	4		2		7	5	8
9					5			
2						1	8	
		6		8	2	9		

第7-4题

	4			2			9	8
	6	8	1			4		
5	9	7						
4	5		9					
8		9				6		1
					8		5	9
						7	1	3
		2			5	9	8	
9	7			3			6	

第7-5题

			9			7		3
2			1		3	8		9
8				2	4		5	
		8		9			6	2
5	4			1		3		
	3		5	8				4
1		4	2		9			8
9		5			1			

第7-6题

9	8		7					
1					5		2	4
6			3	8				
7			5		9	2		
5	3						9	7
		8	1		7			5
				1	3			2
3	2		4					8
					2		6	1

第7-7题

	9			2		1		
		3				9		7
1	4		9		3		2	
		1	6		2	4		
4								1
		9	4		7	3		
	2		8		6		1	5
5		8				6		
		6		3			8	

第7-8题

3		2					7	4
5					4	8		
	8	4		6		2		9
	5			4				
		7	5		1	9		
				3			8	
9		3		1		6	2	
		8	4					1
6	1					4		8

第7-9题

		3	6					
5	8		4			1	6	
				3	8	5		
		4		6		2	5	8
		5				9		
1	6	2		8		4		
		6	8	5				
	9	8			2		4	5
					6	8		

第7-10题

	6		5	8		9		
		7	9	6	1			4
1							5	
	5						7	3
6	7						4	8
4	3						9	
	4							9
7			4	3	9	1		
		5		2	8		3	

第八课　初级技巧——简单的唯余法

教学知识点

1. 了解唯余的概念。

2. 了解排除法与唯余法的区别。

教学要求

1. 学会排除法无效时及时观察切换唯余法的思路。

2. 在解题过程中可以应用唯余法填数。

我们在前面的内容中详细介绍了几种排除法技巧，相信大家对排除法的应用都有了一定的了解。排除法是寻找某宫或某行列内某个数字的唯一可填入的位置，而本课介绍的唯余法则是在某格内只能填入某个数字，另外八个数字都已经不能填了。下面来逐步讲解简单的唯余法。

一、简单的唯余法示意图

1. 简单的唯余法示意图1

在图8-1中，D5格由于受同宫和同列已知数的影响，不能填入1、3、4、5、6、7、8、9，最终该格内只能填入数字2了。这种对于锁定某格来观察，有八个数字不能填入，最终只能填入某个确定数字的思路就称为“唯余法”，也就是说格子内唯独只剩余一个数字可以填了。

	1	2	3	4	5	6	7	8	9
A					7				
B									
C									
D					2				
E				4	6	3			
F				5	1	8			
G									
H					9				
I									

图8–1　简单的唯余法示意图1

我们本课的内容涉及唯余法里比较容易处理的情况，也就是从某宫或某行列的角度来看，只有三个空格缺少三个数字，而其中某格不能填入其中两个数字，只剩唯一一个数字可以填。例如图8–1中，五宫三个空格缺少数字2、7、9，而D5格不能填入7和9，最终只剩数字2可填。这种思路和我们最开始介绍的数空法的寻找线索模式相同，只不过找的线索不是排除而是唯余。我们以简单的唯余法开始，介绍一些非排除法的技巧，让大家可以从更多角度去观察题目并寻找线索。

2．简单的唯余法示意图2

在图8-2中，4列有三个空格，缺少数字3、6、9。而E4格同宫有已知数6，同行有已知数9，所以该格内只能填入剩余的3。这也是简单的唯余法，只不过这个是在某行或某列内出现三个空格情况下形成的，相比宫内三个空格的唯余来看，观察难度更大一些，需要爱好者开始打破常用的以宫为重要线索的观察惯性，开始多注意一些行列的线索条件。

	1	2	3	4	5	6	7	8	9
A				1					
B				2					
C									
D				4		6			
E				3					9
F				5					
G				7					
H									
I				8					

图8-2　简单的唯余法示意图2

二、例题详解

接下来，我们以图8–3中的题目作为例题进行讲解。

	1	2	3	4	5	6	7	8	9
A	3	1		6		7	4		2
B				2					
C							1		3
D	2	9		1	5				6
E									
F	6				9	2		4	5
G	4		9						
H						4			
I	7		2	9		1		3	4

图8–3

在解题前我们需要了解到，虽然我们解的这道题目里含有简单的唯余卡点。但解题的步骤主要还是排除法，尤其是宫内排除法与区块的组合，所以我们开局还是寻找线索较多的数字。先来观察数字1的线索，见图8–4。

观察数字1先对二宫排除，得到B5=1。随后用C7和D4两格的1对六宫排除，在六宫内形成一个含1的区块，利用该区块再对四宫排除，得到F3=1。最后再对七宫排除，得到H1=1。这时，数字1在六宫和九宫形成四格结构无法继续推理，这时换数字观察。

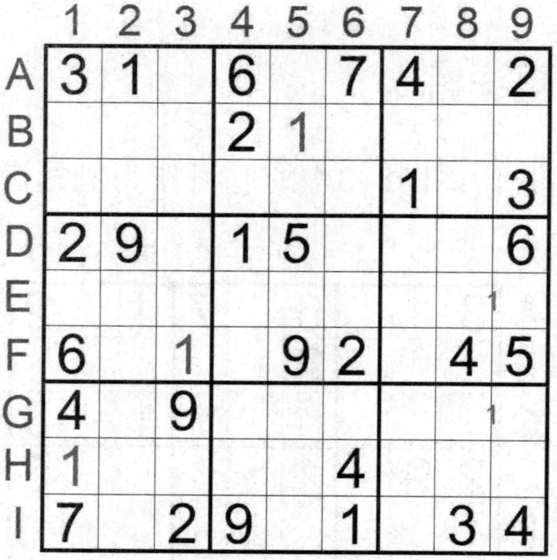

图8–4

在图8–5中，先来观察数字4，利用F8和H6两格的4对五宫排除，在五宫内形成一个含4的区块，利用该区块再对四宫排除，得到D3=4。然后，利用A7和H6两格的4对二

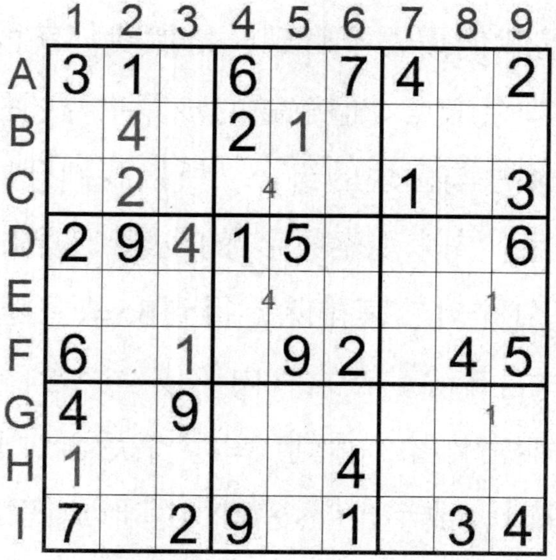

图8–5

宫排除，在二宫内形成一个含4的区块，再用该区块对一宫排除，得到B2=4。然后再观察数字2对一宫排除，得到C2=2。

接下来观察数字3，可以在二宫排除得到B6=3。然后，观察数字9对二宫排除，可以得到C6=9，再对一宫排除，得到B1=9。这时二宫缺少数字4、5、8，可以依次排除得到C4=5、C5=4和A5=8。然后将五宫标注的4也确定位置，得到E4=4。如图8-6所示。

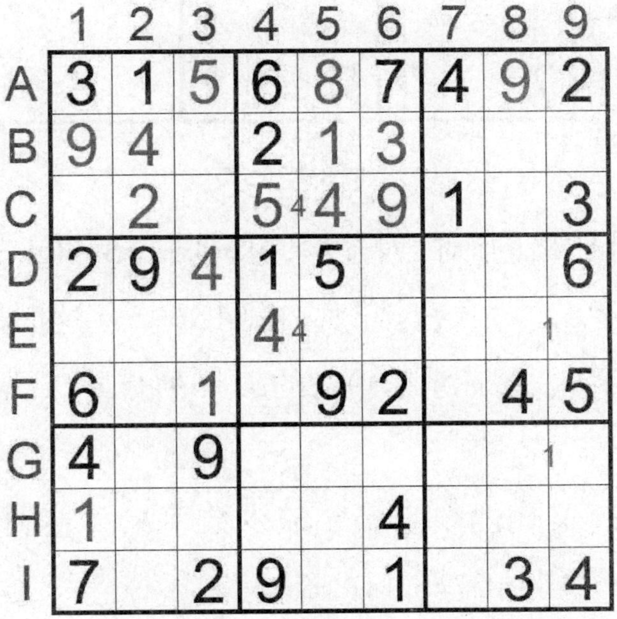

图8-6

最后，A行仅剩的唯一空格A3内只能填入5。现在可以观察1列，剩余的两格缺少数字5和8。可以利用刚得到A3格的5对1列排除，见图8-7。

	1	2	3	4	5	6	7	8	9
A	3	1	5	6	8	7	4	9	2
B	9	4	6	2	1	3			
C	8	2	7	5	(4) 4	9	1	6	3
D	2	9	4	1	5	8	3	7	6
E	5			4	(4)	6			(1)
F	6		1		9	2		4	5
G	4		9			5			(1)
H	1					4			
I	7		2	9		1		3	4

图8–7

先利用A3格的5对1列排除，得到E1=5和C1=8。然后继续观察数字5，对八宫排除，得到G6=5。这时6列剩余两格缺少数字6、8，利用D9格的6对6列排除，得到E6=6和D6=8。

然后D行又剩两个空格，缺少数字3、7，利用I8格的3对D行排除，得到D7=3和D8=7。

随后利用D8格的7对C行排除，得到C3=7和C8=6，一宫剩余最后一个空格B3=6。这时用排除法不能继续推理了。我们尝试用本课学的简单的唯余法寻找线索，见图8–8。

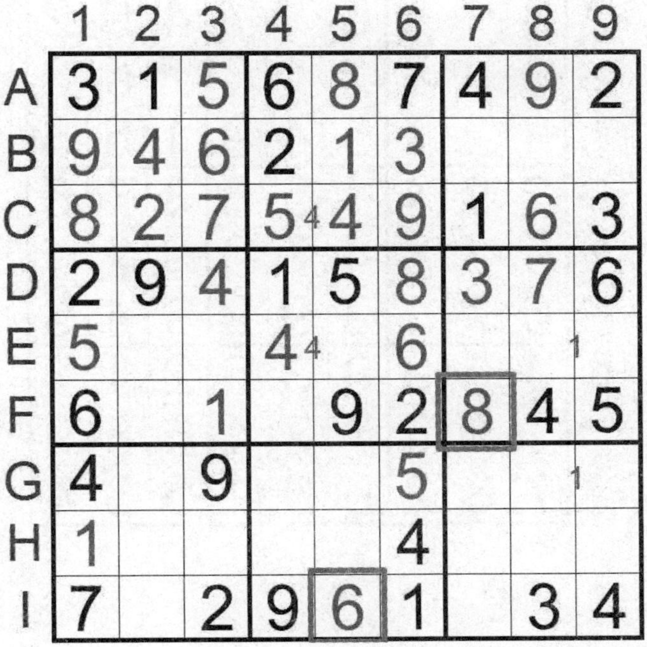

图8–8

此时盘面内有两处可以运用唯余法的突破口，一个是F行有三个空格缺少数字3、7、8，由于六宫有数字3、7，所以可以唯余得到F7=8。而I行同样有三个空格缺少数字5、6、8，由于5列有已知数5、8，所以可以唯余得到I5=6。这步过后，可以利用刚得到的F7格的8对I行排除，得到I2=8和I7=5。后续步骤可以利用排除法完全得出，并得到最终答案（图8–9）。

	1	2	3	4	5	6	7	8	9
A	3	1	5	6	8	7	4	9	2
B	9	4	6	2	1	3	7	5	8
C	8	2	7	5	4	9	1	6	3
D	2	9	4	1	5	8	3	7	6
E	5	3	8	4	7	6	9	2	1
F	6	7	1	3	9	2	8	4	5
G	4	6	9	8	3	5	2	1	7
H	1	5	3	7	2	4	6	8	9
I	7	8	2	9	6	1	5	3	4

图8–9

三、课后总结

我们在本课内第一次接触非排除法的思路，让大家可以从不同角度掌握更丰富的解题思路和技巧。现在，我们应当对常规的排除法技巧应用得比较熟练了，这时要在巩固排除法的基础上，加入寻找唯余线索的思维模式，本课介绍的简单的唯余法就是找到宫或行列内有3—4格空格的位置，先找出缺少的数字，再看某格是否被其他数字影响，可知只有最后一个数字可填。

在解题过程中，排除法还是主要的解题方法，只是在遇到困难无法突破时，要灵活转变思路和观察模式，从唯余的角度继续推理解题。一旦难点突破后，再转为排除法进行后期的收尾工作，继续用我们已经很熟悉的模式将题目解完。

本课后面有10道含有简单唯余卡点的练习题目，供大家练习排除法与唯余法的切换操作，逐渐适应在解题中可以从多种角度寻找解题线索。

课后练习题

第8-1题

		7	6			2	3	
					1			
3		5		4			1	9
		3	9					
	1		4		8		5	
					3	1		
4	6			5		3		1
			8					
	3	8			6	7		

第8-2题

3		2					5	1
1				9				
		9	2		4	7		6
		5				6		
	2						9	
		8				1		
6		7	1		3	5		
				7				2
2	9					8		7

第8-3题

8				7		6		
		5		8	4			
			3	1	6		5	2
	9					4		
		6				5		
		3					6	
1	6		2	4	8			
			6	3		1		
		7		9				6

第8-4题

4					1	7		
9		2		3				5
5			4	9			3	
				6	4			
		4				2		
			9	2				
	9			4	6			3
1				5		9		8
		3	8					7

第8-5题

		5						
3	7				1	4	2	9
	4				7	3		
4	8			6				
	1						4	
				2			3	1
		4	2				7	
1	9	6	5				8	4
						5		

第8-6题

			3	7	5	8	1	
7								
	8		6	1		7		
		7	1			5		
		4				3		
		8			7	4		
		5		2	4		3	
								6
	2	3	8	9	6			

第8-7题

2			1			4		8
		6				3		
1	4				9		6	
		3	8		7			2
4			2		3	7		
	7		6				1	4
		1				2		
6		4			1			5

第8-8题

				4		8	9	2
3		9				5	7	
				2				1
	7		2					5
	1						2	
4					3		6	
2				7				
	8	5				7		3
7	6	1		3				

第8-9题

		3	1	6		9		5
6	8				5			
		5						1
4								
1		8	6		7	4		9
								8
9						8		
			2				3	4
5		7		4	8	1		

第8-10题

	5				7	3		1
			4	5	1			7
9		1					6	
2		9						
7								6
						4		2
	4					6		3
1			3	6	8			
6		5	1				7	

第九课　中级技巧——宫内数对占位法

教学知识点

1. 了解数对的概念。

2. 理解数对占位法的概念和原理。

教学要求

1. 学会利用两数的重叠区块找到数对占位。

2. 学会利用数对占位后利用后续条件填数。

在掌握排除法和简单的唯余法后，我们要来学习一个难度稍大些的常用技巧。这个技巧并不是直接用来填数的方法，而是帮我们作出过渡的辅助技巧。通过数对占位来把宫内的剩余空格内数字分为两部分，可以将局部的线索深入挖掘，随后再配合排除法或者区块进一步推理。

一、宫内数对占位法示意图

下面我们就来看一下宫内数对占位法的示意图。

1. 宫内数对占位法示意图1

在图9-1中，由于D行和F行内都有已知数1、4，利用这两组数字1、4对六宫进行排除，在六宫内数字1、4都只能在E8和E9两格内。这时别的数字不能再出现在这两格内，否则六宫内的数字1、4必然会出现缺失。根据上述判断，我们可以将六宫内的数字1、4看成占据了E8和E9两格的位置，故将这个思路称为数对占位法。所谓“数对”也就是两个数字与两格的对应关系，确定了某两个数字一定与某两格对应，但暂时不能确定它们两个的具体位置。

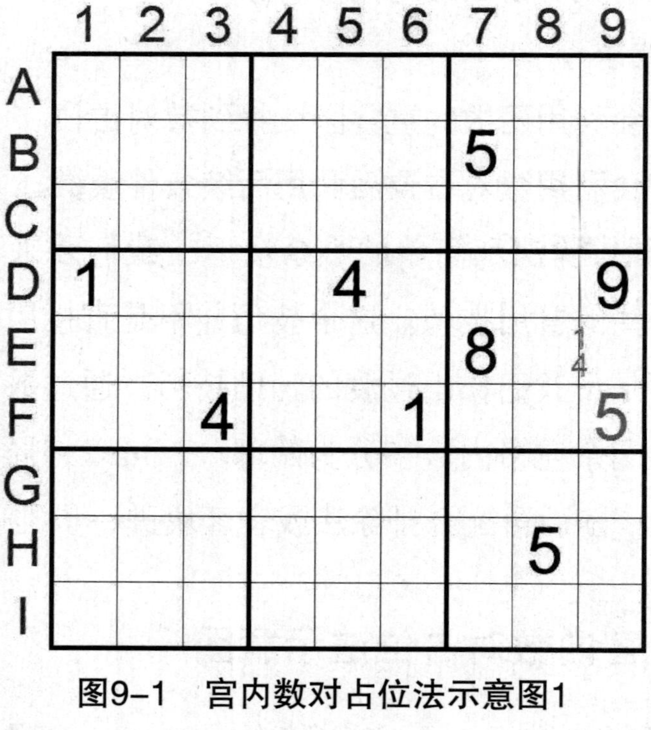

图9-1　宫内数对占位法示意图1

图9-1中，在找到数对占位的线索后，再观察数字5的排除，可以得到六宫内只有F9格可以填入5。

2．宫内数对占位法示意图2

在图9–2中，利用4列和F行内的已知数4、7对五宫排除，可以在五宫内形成一个4、7的数对占位，占据了E5和E6两格。然后再利用数字8对五宫排除，由于E6格被数对4、7占据而不能再填入数字8了，所以可以得到五宫内F6=8。

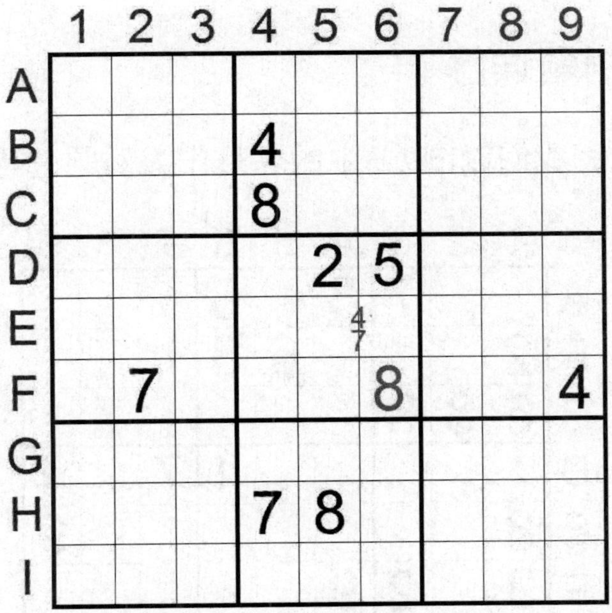

图9–2　宫内数对占位法示意图2

寻找数对占位法时，其实可以延续我们之前所学的区块的思路。以图9–2为例，在实战中不一定可以同时看到这两组4、7同时可以对五宫产生排除的作用，但却很容易进行标注。例如，在看数字4的线索时，在五宫标注出区块，然后再看到数字7时又在同样的两格内标注出了区块，这两个数字的区块同时出现在两格位置时，就自然形成了数对占位效果。我们在解题中寻找数对占位线索，多数情况下也是利用两个数字区块重叠形成而找到的。所以从某个角度来说，我们本课学习的数对占位法其实是区块法的延伸，在观察和标注上两者是共同的，只是技巧上发挥作用更大一些的是数对占位法。

二、例题详解

接下来，我们以图9–3中的题目作为例题进行讲解。

	1	2	3	4	5	6	7	8	9
A			7	3		5			
B	2				6	8			
C	6	3	8					7	
D						1	7		4
E	8								9
F	3		2	9					
G		8					4	5	3
H				5	3				6
I				8		6	9		

图9–3

与上课的例题详解相同，虽然本题含有数对占位法，但开局和大部分步骤都是由排除法构成的，所以开始还是观察较多的数字来寻找排除线索。先来观察数字3和7，见

图9–4。

	1	2	3	4	5	6	7	8	9
A			7	3		5			
B	2			7	6	8	3		
C	6	3	8					7	
D						1	7	3	4
E	8					3			9
F	3		2	9					
G		8					4	5	3
H				5	3				6
I			3	8		6	9		7

图9–4

由于数字3较多，先用二宫、八宫和四宫的3对五宫排除，可以得到E6=3。再对六宫排除，得到D8=3。随后再对三宫排除，得到B7=3。最后再对七宫排除，得到I3=3。

数字7虽然个数不多，但排除线索很明显，可以在二宫排除，得到B4=7，在九宫得到I9=7。

如图9–5所示，在数字3和7线索用完后，来观察四宫的数字2和8，用这两数可以对D行进行排除，又由于I4格为8，可以先在D行排除得到D5=8，再得到D4=2。

随后利用数字6对五宫排除，得到E4=6。对七宫排除得到G3=6。对四宫排除，得到D2=6。

	1	2	3	4	5	6	7	8	9
A			7	3		5			
B	2			7	6	8	3		
C	6	3	8	4				7	
D		6		2	8	1	7	3	4
E	8			6		3			9
F	3		2	9					
G		8	6	1			4	5	3
H				5	3				6
I			3	8		6	9		7

图9–5

这时4列还有两个空格，缺少数字1和4，利用G7格的4对4列排除，可以得到C4=4和G4=1。然后题目遇到卡点，开始寻找我们本课所学的数对占位法，见图9–6。

	1	2	3	4	5	6	7	8	9
A			7	3		5	6		
B	2			7	6	8	3	49	
C	6	3	8	4				7	
D		6		2	8	1	7	3	4
E	8			6		3			9
F	3		2	9				6	
G		8	6	1			4	5	3
H				5	3				6
I			3	8		6	9		7

图9–6

利用六宫和九宫的数字4、9对三宫进行排除，在三宫内形成一个4、9的数对占位，占据了A8和B8两格。然后再利用C1和H9两格的6对三宫排除，得到A7=6。随后得到六宫的F8=6。后续可以继续排除得到不少数字，见图9-7。

	1	2	3	4	5	6	7	8	9
A			7	3	2	5	6	49	8
B	2			7	6	8	3		1
C	6	3	8	4	1	9	5	7	2
D		6		2	8	1	7	3	4
E	8			6	5	3		1 2	9
F	3		2	9	4 7		8	6	5
G		8	6	1			4	5	3
H				5	3			8	6
I			3	8		6	9		7

图9–7

由于三宫的4、9数对占位，可以在三宫继续排除，得到A9=8。随后在六宫排除得到F7=8，在九宫排除，得到H8=8。

然后，利用B1格的2对A行排除，得到A5=2，这时二宫剩余两空格内缺少数字1和9，可以利用D6格的1对二宫排除，得到C5=1和C6=9。

随后用刚得到C5格的1对三宫排除，得到B9=1。这时

9列仅剩两空格，可用F3格的2对9列排除，得到C9=2和F9=5。

最后，C行仅剩一个空格可以填入，得到C7=5。对五宫排除可以得到E5=5。如图9–7所示。后续步骤难度不大，用排除法就可以顺利填完，并得到最终答案（图9–8）。

	1	2	3	4	5	6	7	8	9
A	1	4	7	3	2	5	6	9	8
B	2	5	9	7	6	8	3	4	1
C	6	3	8	4	1	9	5	7	2
D	9	6	5	2	8	1	7	3	4
E	8	7	4	6	5	3	1	2	9
F	3	1	2	9	7	4	8	6	5
G	7	8	6	1	9	2	4	5	3
H	4	9	1	5	3	7	2	8	6
I	5	2	3	8	4	6	9	1	7

图9–8

三、课后总结

我们在本课学习了一种重要的解题思路。数对占位法在解题时经常遇到，甚至在初级难度的题目中也会经常发现数对线索。数对占位法是一种间接的辅助技巧，可以帮我们将局部线索整理得更有条理，在找到数对占位后，通常在数对所在的宫或者其影响的行列内可以利用排除法得到其他数字的线索。在解题中，通常是在利用排除法的过程中，逐步标注出一些数字的区块，恰好有两个数字的区块重叠在一起的这种方式来寻找数对占位线索。

掌握数对占位法是进阶高难度数独的必备技巧，而寻找数对的线索又依靠我们正确的标注，本书一开始我们就不断强调标注的重要性，数对占位法可以检验大家之前的基本功掌握得是否真正扎实。

课后练习题

第9-1题

8	6	2						3
		3	8					9
		9				5	8	7
				1			7	
			4		7			
	3			9				
9	4	5				1		
3					5	8		
6						7	3	5

第9-2题

7								2
				3		6		
6	8			4			5	
4		8		2	6			
	6		7		8		1	
			4	1		9		6
	5			7			6	9
		1		6				
8								3

第9-3题

					3	9	8	5
				2				
			4		1			
5		6	9	8		2	1	
		1				7		
	9	3		7	5	4		8
			3		6			
				4				
6	3	7	5					

第9-4题

8			3		4	1	2	
				6		3		4
6		8					7	1
1			6		9			3
9	3					4		6
4		6		3				
	1	2	7		5			9

第9-5题

6						9	7	2
2	3				4		5	
5				2				
	4			7				
		5	8		2	1		
				3			6	
				9				3
	9		3				1	5
4	1	3						6

第9-6题

	8	1				2		
			4	9			3	
				3				
	4		9		6		8	2
		5	2		3	1		
2	9		8		7		6	
				7				
	2			8	9			
		8				7	5	

第9-7题

				8	7	3	4	
1			2					
5			9					
			6	7		8	2	3
	8						6	
3	6	7		4	2			
					6			1
					9			2
	1	3	7	2				

第9-8题

	7			1	2			
	2	1			4		3	7
					3		1	
5	1	4						
9								1
						5	9	3
	6		8					
1	9		3			4	2	
			1	2			7	

第9-9题

3					2			7
9		4		8	5			
	5				9	6		
				2			3	
	3		9		6		7	
	8			5				
		5	3				2	
			5	6		1		8
8			2					3

第9-10题

		6	9				2	
	7	5	8				4	
	9				2	8		3
	2				7			
			3		9			
			2				9	
7		9	1				3	
	4				6	7	1	
	1				8	9		

第十课　中级技巧——区块组合排除法

教学知识点

1. 理解区块组合的概念和原理。
2. 了解行列排除法与区块组合排除法的互换。

教学要求

1. 在解题中熟练标注区块并习惯观察区块组合。
2. 解题中可以突破区块组合线索的卡点。

我们在前面的课程中对标准数独最常用的几种方法有了基本的了解，主要包括排除法、唯余法和数对占位法。本课在此基础上，将排除法进一步深入，将实战中比较难处理的行列排除法用另一种角度的观察思路进行破解，有时也可以解决多重的复杂排除情况。

一、区块组合排除法示意图

下面先来看一个区块组合排除的示意图。

1. 区块组合排除法示意图1

在图10-1中，利用数字3对四宫排除，在四宫内形成一个含3的区块在D3和F3格，对五宫排除，也形成一个含3的区块在D6和F6格。这时我们发现四宫和五宫的区块3，都在D行和F行内。也就是说这里有两种可能性，一种是D3和F6格为3，另一种是D6和F3格为3，不论哪种情况，都可以删除D行和F行其他格内的3。我们也可以将这两个区块看成一个组合的整体，这样根据这两个区块，就可以直接对右侧六宫排除掉D行和F行这两行内的数字3，再结合A8格的3，得到六宫内只有E9格可以填3。

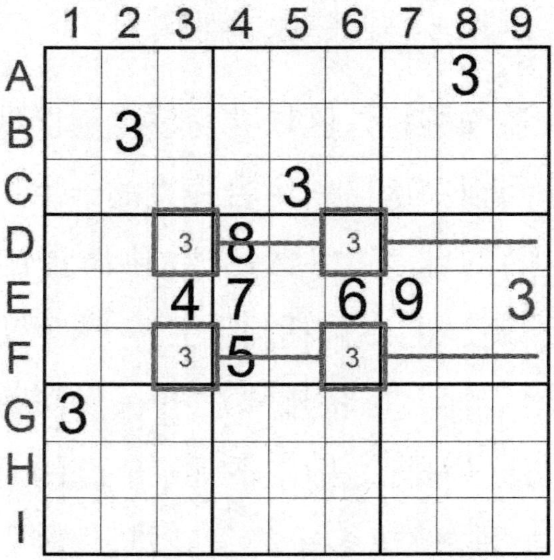

图10–1　区块组合排除法示意图1

其实，这个示意图只看E行，就可以利用已知数3对E行排除，同样可以得到E9格填3。可能有些初学者会有些疑惑，既然可以利用简单易懂的行列排除法得到同样的答案，为什么还要学这种复杂的区块组合思路呢？原因在于，在实战中由于E行空格较多，很难一开始到这里寻找线索，所以换到区块组合角度来观察更容易快速找到线索。换句话说就是我们运用相对复杂的思路为我们解题提速。

2．区块组合排除法示意图2

在图10–2中，先利用数字7对二宫和五宫排除，在这两个宫内形成7的区块都在4列和6列内，所以可以形成区块组合结构，利用这个区块组合可以对八宫排除，在八宫内又形成了区块在H5和I5两格。再观察七宫，发现七宫也有数字7的区块在H1和I1两格，这样在七宫和八宫内再一次形成了区块组合结构，利用这个机构对九宫排除，再结合C8和F7两格的7，在九宫内只有G9格可以填入7。

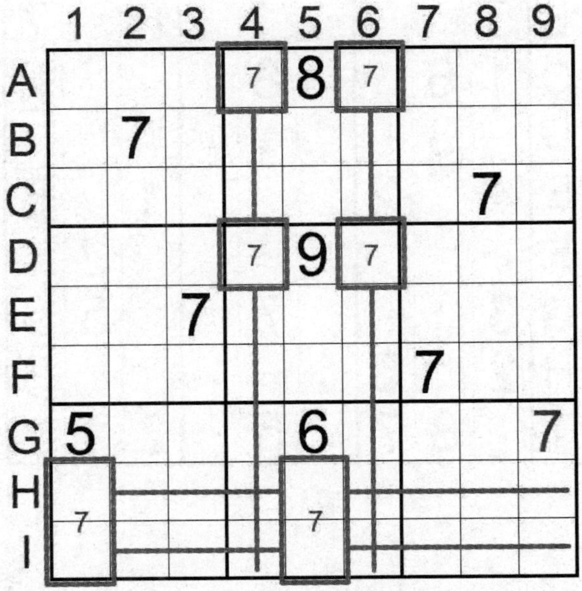

图10–2　区块组合排除法示意图2

这个示意图连续运用了两次区块组合排除法，属于比较深入的排除思路，这种卡点在中高级难度的标准数独中常会遇到，而且这种线索只能依靠排除法的深入观察才能破解，用唯余法和数对占位法也无能为力。

二、例题详解

本题开局利用单数排除不太顺畅，反而用对某宫内空格连续排除的思路比较容易，我们先看三宫和七宫内的线索（图10–3）。

	1	2	3	4	5	6	7	8	9
A		4	8		6		5	9	
B	5					1	6		7
C	1	6			8				2
D		3							
E	4		2				1		6
F								2	
G	3				7			5	9
H	2		5	1					3
I		8	7		5		2	1	

图10–3

如图10–4所示，首先，在三宫排除，得到A9=1和B8=8。然后对七宫排除，得到G3=4、I1=6、G2=1和H2=9。

	1	2	3	4	5	6	7	8	9
A		4	8		6		5	9	1
B	5					1	6	8	7
C	1	6			8				2
D		3							
E	4		2				1		6
F								2	
G	3	1	4		7			5	9
H	2	9	5	1					3
I	6	8	7		5		2	1	

图10–4

本题并非使用通常的排除法开局，而是使用唯余法的思路，先按宫进行线索整理。随后继续对一宫和九宫排除，见图10–5。

	1	2	3	4	5	6	7	8	9
A	7	4	8		6		5	9	1
B	5	2				1	6	8	7
C	1	6			8				2
D		3							
E	4		2				1		6
F								2	
G	3	1	4		7		8	5	9
H	2	9	5	1			7	6	3
I	6	8	7		5		2	1	4

图10–5

对一宫排除，得到A1=7和B2=2。然后观察九宫线索，对九宫继续排除，得到H7=7、H8=6、G7=8和I9=4（图10–5）。随后将行、列、宫内空格较少的位置标注出提示数，见图10–6。

	1	2	3	4	5	6	7	8	9
A	7	4	8	23	6	23	5	9	1
B	5	2	3	4	9	1	6	8	7
C	1	6	9	57	8	57	34	34	2
D	89	3	16						58
E	4	57	2				1		6
F	89	57	16					2	58
G	3	1	4	26	7	26	8	5	9
H	2	9	5	1	4	8	7	6	3
I	6	8	7	39	5	39	2	1	4

图10–6

由于三宫剩余的C7、C8两格缺少数字3、4，标注出来后，可以利用这个含3的区块对一宫排除，得到B3=3和C3=9。然后利用C5格的8对H行排除，得到H6=8和H5=4。然后利用H5格的4对B行排除，得到B4=4和B5=9（图10–6）。再将行、列、宫内剩两格的提示数标注出来。这时用区块组合排除法，可以找到二宫和八宫内数字2的区块，及四宫和六宫内数字8的区块，见图10–7。

	1	2	3	4	5	6	7	8	9
A	7	4	8	23	6	23	5	9	1
B	5	2	3	4	9	1	6	8	7
C	1	6	9	57	8	57	34	34	2
D	89	3	16		2				58
E	4	57	2	8			1		6
F	89	57	16					2	58
G	3	1	4	26	7	26	8	5	9
H	2	9	5	1	4	8	7	6	3
I	6	8	7	39	5	39	2	1	4

图10–7

利用二、八宫内数字2的区块组合排除，在五宫内得到D5=2。利用四、六宫内数字8的区块组合排除，在五宫内得到E4=8。见图10–7。之后再对5列排除，然后在四宫和六宫内都有线索可以继续排除下去，后续步骤可以利用宫内排除法将宫内空格和标注全部整理完，不再赘述，并得到最终答案（图10–8）。

三、课后总结

从本课的内容可以看出，区块组合排除法是排除法的高级用法，如果对常规的排除法掌握得都比较熟练后，这就是下一步需要学习和掌握的重要思路。掌握这个思路

	1	2	3	4	5	6	7	8	9
A	7	4	8	3	6	2	5	9	1
B	5	2	3	4	9	1	6	8	7
C	1	6	9	7	8	5	4	3	2
D	8	3	1	6	2	7	9	4	5
E	4	5	2	8	3	9	1	7	6
F	9	7	6	5	1	4	3	2	8
G	3	1	4	2	7	6	8	5	9
H	2	9	5	1	4	8	7	6	3
I	6	8	7	9	5	3	2	1	4

图10–8

后，可以在排除法应用完毕后放心地转换观察角度去使用唯余法。否则有可能会认为没有排除线索，转而寻找唯余法却不能突破，最后发现原来是某个难度较大的行列排除法或区块组合法没有观察出来。这样会使解题者的进度严重滞后，甚至对解题者的信心造成较大影响。

总之，区块组合排除法是数独爱好者到一定阶段后必须掌握的思路之一，也是爱好者学习数独前期的一个难点。希望你能在认真学习本课后，能够在后续的解题练习中逐步熟悉和掌握这个技巧。

课后练习题

第10-1题

9			7	6			3	
	7				5		2	
6		4	2			7	9	5
			6	3				
	2						4	
				2	1			
2	3	5			6	9		4
	9		3				8	
	4			9	2			3

第10-2题

	5				3	8	4	
1								7
8		3	4			2		
7				2		4		
			9		8			
		8		4				2
		7			2	1		8
5								9
	9	1	8				7	

第10-3题

	4	6			3			
7					2	1	5	
	5		7	6				3
			2				9	
		4				2		
	1				8			
4				2	5		1	
	8	5	4					2
			6			4	8	

第10-4题

	2	3	5					
	7		1			3	5	8
	5			6				2
							6	9
		8				2		
6	1							
5				7			2	
2	3	7			6		1	
					2	4	8	

第10-5题

6		9	4					2
					5	8		
	3	5			6	1		7
	4	2						5
8						4	1	
3		8	9			2	4	
		4	1					
5					4	3		8

第10-6题

		5		6		1		
	8		3			7	2	
3	6		2					9
						6	9	
8								3
	4	6						
2					5		6	1
	3	9			2		7	
		4		9		3		

第10-7题

		3			5	7		
	5						9	
6				9	7			4
1		5	2		8			
		2				3		
			5		4	8		9
2			4	5				7
	7						6	
		9	7			5		

第10-8题

5	3	6			9			4
					3			1
		9	6			3		8
7	4					6		
		2					8	3
2		5			6	8		
1			3					
3			7			1	4	9

第10-9题

	6	8		3				
		2	8		9			5
					1		3	2
	9	1					8	
7								1
	8					9	7	
6	2		4					
5			6		2	4		
				5		2	6	

第10-10题

1			3	5				9
	6						5	
		7			6	1		
		1		3				4
8			5		1			2
5				4		3		
		4	1			6		
	1						3	
9				2	5			1

第十一课　中级技巧——唯余法

教学知识点

1. 深入理解唯余法的原理。

2. 了解在解题中如何寻找唯余法线索。

教学要求

1. 掌握数空格寻找唯余线索的常规思路。

2. 可以灵活切换排除和唯余法的观察方式。

我们在第八课里介绍过唯余法的概念和基本应用，只不过当时介绍的是比较容易处理的唯余法，也就是行、列或宫内有三个空格时，我们利用旁边两个数字对其中某格形成唯余的线索。但有时线索会比较隐蔽，使观察难度大大增加，我们在本课主要介绍这种难度较大的唯余法，需要你在解题过程中寻找更多线索，对解题者的观察视野和观察能力提出了更高的要求。

唯余法是利用八个不同数字对某格进行唯一剩余的判断方法，八个数字出现的位置不同就决定了这个技巧的观察难度的差异。

一、唯余法示意图

下面我们给出两个唯余法的示意图，让大家对较难的唯余法有个直观的认识。

1．唯余法示意图1

在图11-1中，D行有已知数1、2、3、4，6列有已知数5、6、7、9，而这八个数字都可以对D6格产生影响，使D6格不能填入上述八个数字，那么D6格内就只剩数字8可以填了。图11-1是典型的唯余技巧示意图，利用一行与一列内各出现四个不同的数字产生的唯余线索。用这个示例对比之前学的简单的唯余法会发现，这种情况显然比之前的

	1	2	3	4	5	6	7	8	9
A						5			
B									
C						6			
D		1			2	8	3		4
E									
F						7			
G									
H						9			
I									

图11-1　唯余法示意图1

情况观察难度更大，因为这个示意图无论从行的角度还是从列的角度看，都有五个空格，找到这个唯余的格子需要花费一番功夫。而我们找这种卡点，往往也是从行列内空格缺少的数字入手，或者观察出现较多个数的行与列的交叉点。

2．唯余法示意图2

在图11–2中，D行有已知数1、2、3，六宫有已知数4、5，9列有已知数6、7、8，这八个不同的数字同时对D9格产生影响。使D9格唯余只能填入数字9。这个示意图是利用行、列和宫三个区域同时对一格影响造成的唯余，在实践中寻找起来可能难度更大，有时甚至需要地毯式逐宫、逐格地搜索才能找到，这也是我们所接触的数独前期观察中难度最大的一种情况了。

	1	2	3	4	5	6	7	8	9
A									
B									6
C									
D	1			2		3			9
E							4		
F								5	
G									7
H									
I									8

图11–2　唯余法示意图2

二、例题详解

接下来，我们以图11–3中的题目作为例题进行讲解。

	1	2	3	4	5	6	7	8	9
A			2		7		3		
B		7		3				2	
C	9			6					7
D					3		6	5	
E	8			9		1			2
F		6	1		4				
G	3					6			8
H		1				7		4	
I			7		5		2		

图11–3

拿到题目后，还是按照惯例先用排除法开始寻找线索。本题数字3较多，可以先从这个数字入手，见图11–4。

先观察数字3，在八宫排除，得到I6=3，再对九宫排除得到H9=3。然后在四宫形成3的区块，利用该区块对六宫排除，得到F8=3。

随后观察六宫，先排除得到D9=1。紧接着又可以排除得到F7=8和F9=9。这时剩余的两格可以继续排除，得到E7=4和E8=7。随后继续在附近寻找排除线索。

	1	2	3	4	5	6	7	8	9
A			2		7		3		
B		7		3				2	
C	9			6					7
D					3		6	5	1
E	8		3	9	6	1	4	7	2
F		6	1		4		8	3	9
G	3					6			8
H		1				7		4	3
I			7		5	3	2		

图11–4

六宫填满后，继续看九宫的位置，可以排除得到G7=7和H7=5。随后7列还剩两个空格，可以排除得到B7=9和C7=1。然后再利用数字9对二宫排除，得到A6=9，见图11–5。

	1	2	3	4	5	6	7	8	9
A			2		7	9	3		
B		7		3			9	2	
C	9			6			1		7
D					3		6	5	1
E	8		3	9	6	1	4	7	2
F		6	1		4		8	3	9
G	3					6	7		8
H		1				7	5	4	3
I			7		5	3	2		

图11–5

这时继续观察九宫发现I9格可以用三格的简单唯余法得知此格只能填入6。随后利用这个6再对三宫排除，得到A8=6和C8=8。此时题目遇到卡点，无法再用排除法找到线索。这时转变观察方式，开始在行、列或宫内空格较少的位置寻找唯余线索。见图11–6。

	1	2	3	4	5	6	7	8	9
A			2		7	9	3	6	
B		7		3			9	2	
C	9			6			1	8	7
D					3		6	5	1
E	8		3	9	6	1	4	7	2
F		6	1		4		8	3	9
G	3					6	7		8
H		1				7	5	4	3
I			7		5	3	2		6

图11–6

目前除了三宫、九宫和E行只有两个空格，但并没有其他线索。行列内有四个空格的位置有A行、F行、I行、5列和6列，我们先从这里入手尝试寻找唯余法线索，见图11–7。

	1	2	3	4	5	6	7	8	9
A			2		7	9	3	6	
B		7		3			9	2	
C	9			6	2		1	8	7
D					3		6	5	1
E	8		3	9	6	1	4	7	2
F		6	1		4		8	3	9
G	3					6	7		8
H		1				7	5	4	3
I	4		7		5	3	2		6

图11-7

从几处空格相对较少的行列入手，发现5列缺少数字1、2、8、9，而C行有数字1、8、9，这样可以对C5格唯余得到数字2。而I行缺少数字1、4、8、9，而七宫和1列有数字1、8、9，可以对I1格唯余得到数字4。这两处都是根据我们本课所学的唯余法得到的线索，我们可以从本课所讲解的技巧体会唯余法是如何在实战中应用的。

随后在八宫排除得到G4=4和H4=2。然后对七宫排除，得到G2=2和G3=5。利用刚得到的5对E行排除，得到E2=5和E3=3。随后对一宫排除，得到C2=3。对五宫排除，得到F4=5。最后再对C行排除，得到C6=5和C3=4，见图11-8。

	1	2	3	4	5	6	7	8	9
A			2		7	9	3	6	
B		7		3			9	2	
C	9	3	4	6	2	5	1	8	7
D					3		6	5	1
E	8	5	3	9	6	1	4	7	2
F		6	1	5	4		8	3	9
G	3	2	5	4		6	7		8
H		1		2		7	5	4	3
I	4		7		5	3	2		6

图11–8

后续可以继续将数字4和数字5全部排除得到，盘面剩余的空格可以按数空格的方式全部填出，步骤不再赘述，最终得到本题的答案，见图11–9。

	1	2	3	4	5	6	7	8	9
A	5	8	2	1	7	9	3	6	4
B	1	7	6	3	8	4	9	2	5
C	9	3	4	6	2	5	1	8	7
D	2	4	9	7	3	8	6	5	1
E	8	5	3	9	6	1	4	7	2
F	7	6	1	5	4	2	8	3	9
G	3	2	5	4	1	6	7	9	8
H	6	1	8	2	9	7	5	4	3
I	4	9	7	8	5	3	2	1	6

图11–9

三、课后总结

我们在本课学习了一般意义上的唯余法，与第八课所学的简单唯余法虽然原理上相同，但在实际解题中难度大大增加。

排除法与唯余法对比而言，观察起来相对比较容易。我们通常利用以排除法为主的观察方式，在这种观察模式下，前中期尽量将排除线索全部用完，再将该标注的区块或数对全部找到。如果这时还无法突破，那么很有可能就是被唯余的卡点卡住了。此时需要在全盘寻找唯余法的线索，一旦度过唯余卡点后继续用排除法快速收尾，便可以顺利解答题目。

当然，我们也可以采用另一种解题模式，也就是在前期适当应用排除法后，就开始在盘面中空格较少的行、列或宫内数缺少的数字，根据数出缺少的数字再向周围有针对性地寻找这些线索。这种解题模式的好处是前中期就可以将排除法和唯余法同时应用，也许会提前破解题目的卡点。但有时可能会漏掉宫内排除法的线索或者某些区块线索。

不管采用哪种解题模式寻找线索，都要尽量做到不发生遗漏，并且有条理地将已知条件全部应用一遍，只有这样才能比较有效率地解答数独题目。请用本课后的10道练习题多加体会如何寻找唯余法的线索。

课后练习题

第11-1题

4			7					3
		5			2	4		
							6	2
6			8	7				
	9	2	3		1	6	8	
				2	4			5
3	7							
		9	1			5		
5					3			9

第11-2题

3			1	5			9	7
1						5		
	5		8		4			
		9				6		2
5								1
6		8				9		
			7		5		2	
		5						6
2	6			4	9			5

第11-3题

1				9	8			7
				6	7	1		
	7							
2	8			3				
5	3		6		2		4	8
				1			2	6
							6	
		3	7	8				
8			4	5				2

第11-4题

	1				3			
	5	2			1			
6		3			8	5		
	7		8		2	9	5	
	3	6	9		5		2	
		1	3			2		4
			6			7	3	
			2				9	

第11-5题

	3	6		5				
						6		5
	5	2	7	4		9		8
						2		
6		4				7		3
		5						
8		3		7	9	5	2	
9		1						
				3		1	9	

第11-6题

	8			2		4		
		7	1	9		6		
5					6			
		9		5	1			
2		5				1		4
			9	7		3		
			2					7
		1		3	7	2		
		3		6			1	

第11-7题

			4			7		
		1			3			
2		3			7	4	9	
	3	5	6		2			4
8			7		5	3	2	
	1	8	2			9		6
			3			1		
		4			1			

第11-8题

					5		7	
8					1			
	5			6	8	9		4
			5				9	
	7	9	4		3	6	2	
	3				2			
5		8	2	3			4	
			8					6
	6		1					

第11-9题

	6							
		2			9			7
		9		7	4	1	8	
	8	4	2		5			
		1				3		
			8		1	6	2	
	7	5	9	2		8		
4			7			2		
							7	

第11-10题

				3		5	4	
4		9	5					
5					8		9	
		3	8		1		2	
2								9
	4		2		9	7		
	6		3					5
					5	3		6
	7	5		8				

第十二课 中级技巧——复杂的宫内数对占位法

教学知识点

1. 了解几种特殊的数对占位法。
2. 了解如何找到特殊的数对占位。

教学要求

1. 强化根据标注区块寻找数对占位的思路。
2. 尝试不标注线索也可以找到数对占位的观察方式。

我们在第九课中学过宫内数对占位法，当时介绍的数对占位属于比较简单和常见的结构，我们利用宫内标注区块就能找到这种数对线索，例如，在某宫内两个数字的区块重叠在一起就自然形成数对占位结构。

本课在此基础上再介绍几种观察难度稍大的宫内数对占位法，原理与之前所学的相同，但在观察和标注时难度会大一些，下面我们来看看一些复杂的数对占位法是什么样子的。

一、复杂的宫内数对占位法示意图

1．复杂的宫内数对占位法示意图1

在图12-1中，B行、7列和9列内的已知数1、7对三宫排除，在三宫内数字1、7只能在A8和C8两格内，这时形成了数对占位，其他数字不能再填入这两格中。然后再观察数字8对三宫排除，在三宫内得到C9=8。

	1	2	3	4	5	6	7	8	9
A		8						17	
B	1			7		8			
C								17	8
D							1		
E									
F							8		7
G							7		
H									1
I									

图12-1　复杂的宫内数对占位法示意图1

此示例用到的已知数较多，在一个比较空的宫形成数对占位。在实战中由于比较空的宫通常线索较少，容易被忽视，所以观察难度较大。

2．复杂的宫内数对占位法示意图2

在图12–2中，利用D行和8列的已知数2、3对六宫进行排除，在六宫内数字2、3只能在E7和F9两格内，这时形成了数对占位。再观察数字9对六宫排除，得到六宫的9只能在F8格内。

	1	2	3	4	5	6	7	8	9
A								2	
B									
C									
D	9	2			3				
E				9			23		8
F							5	9	23
G									
H								3	
I									

图12–2　复杂的宫内数对占位法示意图2

此示例六宫中的数对占位两格是斜向位置的，这与我们之前所见过的数对有所不同。在实战中由于我们不标注这种斜向的单数线索，使寻找这种数对占位主要依靠同时观察到2、3两个数字的一次成型的方式，大大增加了寻找到该数对的难度。

3．复杂的宫内数对占位法示意图3

在图12-3中，利用数字2对七宫排除，七宫内数字2的位置只能在I1和I3两格内。而用数字8对七宫排除，数字8的位置同样只能在I1和I3两格内。根据我们以前了解的概念，两个数字的区块完全重叠就会形成数对占位。此处也不例外，在七宫内数字2、8形成了数对占位，占据了I1和I3两格。再观察数字4对七宫排除，得到G1格填入4。

	1	2	3	4	5	6	7	8	9
A									
B		8							
C		4							
D			4						
E									
F									
G	4				8	2			
H	1		7					2	
I	28	9	28						

图12-3　复杂的宫内数对占位法示意图3

此示例比较特殊的地方在于，数字2和数字8对七宫排除的路线不完全相同。我们之前见到的数对占位，两个数字都是从相同的行列内对某宫产生排除效果，而这个示例用于排除的路线不完全相同，使同时观察两数对七宫排除形成数对的难度加大，而分别标注两数区块后反而比较容易找到该数对线索。

上述三个数对占位的示意图都有些特别之处，比我们在第九课了解的数对占位法寻找起来难度都增加了一些。这也是我们本课需要了解的重点内容，在实战解题时需要从更多角度来挖掘一些特殊的线索，解决一些特殊的问题。

二、例题详解

接下来，我们以图12–4中的题目作为例题进行讲解。

	1	2	3	4	5	6	7	8	9
A					6		3		
B		4				3		7	
C	1		3			9	8		
D		8	2	9		1			
E	7								2
F				2		7	9	6	
G			5	8			6		7
H		3		4				2	
I			7		9				

图12–4

解题初始，先找排除法的线索。本题排除的线索比较分散，见图12–5。

	1	2	3	4	5	6	7	8	9
A					6		3		
B		4				3	2	7	
C	1		3			9	8		
D		8	2	9		1	7		
E	7								2
F				2		7	9	6	
G			5	8			6		7
H		3		4	7			2	
I			7		9				

图12-5

在图12-5中，先观察数字7，在八宫可以得到H5=7，在六宫排除得到D7=7。观察数字2，可以在三宫排除，得到B7=2。然后观察数字6，见图12-6。

	1	2	3	4	5	6	7	8	9
A					6		3		
B		4				3	2	7	
C	1		3			9	8		
D	6	8	2	9		1	7		
E	7			6		6			2
F	3			2		7	9	6	
G			5	8			6		7
H		3		4	7			2	
I			7		9				

图12-6

利用A5格的6对五宫排除，在五宫内形成区块6，运用该区块再对四宫排除，得到D1=6。然后再对四宫排除数字3，得到F1=3。如图12–6所示。此时盘面内遇到卡点，我们需要在盘面内寻找数对占位线索，见图12–7。

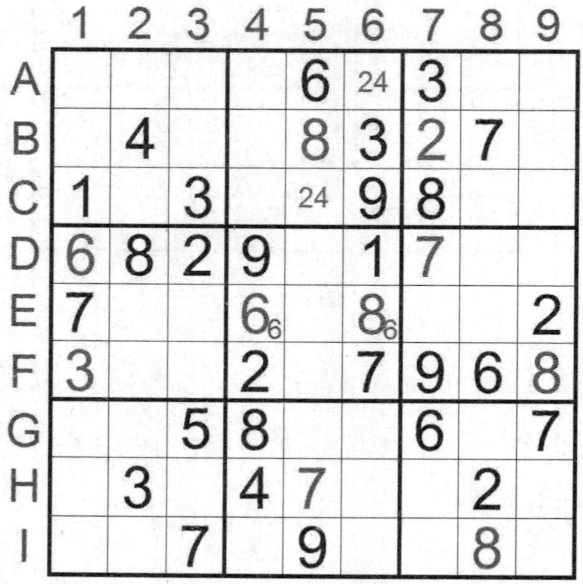

图12–7

全盘搜寻线索，发现二宫可以形成斜向的2、4数对占位，找到该数对后继而可以在二宫排除，得到B5格填入8。随后可以继续排除数字8，在五宫排除得到E6=8。然后在六宫得到F9=8，在九宫得到I8=8。在五宫之前标注的数字6被8占据一格后，也可以确定E4=6。如图12–7所示。

此步的数对2、4占位为本题关键的一步，寻找这里的线索只能同时看到B行和4列的两组数字2、4才能找到，这也是本课所讲述的比较复杂的数对占位法。后续可以继续排除得到数字3、数字9和数字2与4，见图12-8。

	1	2	3	4	5	6	7	8	9
A					6	4	3	9	
B	9	4			8	3	2	7	
C	1		3		2	9	8		
D	6	8	2	9	45	1	7		3
E	7		9	6 6	3	8 6			2
F	3			2	45	7	9	6	8
G	4	9	5	8		2	6	3	7
H		3		4	7			2	9
I			7	3	9		4	8	4

图12-8

先观察数字3，可以依次在八宫、九宫、六宫和五宫得到确定的3。然后在九宫和三宫再排除得到数字9。再观察数字4，可以在九宫得到4的区块，然后再七宫排除得到G1=4。五宫这时剩余两格内为4、5数对，利用该数对在二宫排除，可以得到A6=4和C5=2。随后又可以在七宫、四宫和一宫依次排除得到数字9。如图12-8所示。

在得到图12-8的情况后，余下的空格可以用比较简单的思路全部排除得出，步骤不再赘述，并得到最终的答案（图12-9）。

	1	2	3	4	5	6	7	8	9
A	5	2	8	7	6	4	3	9	1
B	9	4	6	1	8	3	2	7	5
C	1	7	3	5	2	9	8	4	6
D	6	8	2	9	4	1	7	5	3
E	7	5	9	6_{6}	3	8_{6}	4	1	2
F	3	1	4	2	5	7	9	6	8
G	4	9	5	8	1	2	6	3	7
H	8	3	1	4	7	6	5	2	9
I	2	6	7	3	9	5	1_{4}	8	4_{4}

图12–9

三、课后总结

我们在本课了解到，数对占位法有时也可以出现在比较空的宫内，有时也会出现斜向的数对。这些情况在实战解题时难度稍大。由于很难根据我们常用的区块标注将其找到，需要刻意去挖掘线索。本课内容让我们对数对占位法有了更深入的理解，在实际操作上也提出了更高的要求。

本课后的练习题主要考察大家对本课介绍的三种较复杂的数对占位法，是否在概念和实用上有所掌握，希望在做题过程中对数对占位法的线索观察有更新的体会。

课后练习题

第12-1题

				5			3	
5	4					6	9	
	2	9	3	6		7		
						9		
8		2				4		3
		5						
		8		9	6	2	4	
	6	1					8	9
	9			4				

第12-2题

				9			5	
7		2	4	1	5	9		
5			6					
					6		7	
	7	9				2	1	
	2		9					
					7			1
		7	1	3	9	4		2
	3			4				

第12-3题

2			9	7	4			3
		1						
			5	8			6	
1						3		7
9		3				6		8
7		6						4
	3			1	2			
						2		
8			4	3	9			6

第12-4题

					4	6		
	3				2		7	
9				8	3			
4	6	2		3				
		5	2		9	1		
				6		8	3	2
			9	2				7
	7		1				2	
		4	3					

第12-5题

		1		7				3
	4		5	8			7	
			4			6		
8			9		2	3		
9								8
		3	8		7			1
		8			6			
	9			1	8		6	
2				9		8		

第12-6题

2	7	5	6	3				9
								4
		4			9	7		3
		6						7
1								5
9						4		
5		2	3			8		
3								
7				8	1	3	5	6

第12-7题

	9		1		3		5	
1				4				9
		5	9		8	2		
2		4				6		7
	1						2	
3		9				5		1
		1	4		2	7		
7				6				4
	4		3		7		6	

第12-8题

	8	5	3		4	9	6	
					1		4	
4			8				5	
				3	6			
	2						3	
			9	7				
	6				7			4
	3		2					
	5	1	6		3	8	2	

第12-9题

		5		2			1	
7			6		3			
		3				6		2
	3			4			6	
9			1		5			4
	7			3			9	
2		9				8		
			3		8			9
	4			5		1		

第12-10题

	9	3				1		4
				1				
	7			2	9			8
7	2	6		8			5	
	1			4		7	8	2
8			1	3			9	
				9				
5		9				6	1	

第十三课　排除法总结

教学知识点

1. 深入了解排除法在技巧中的地位。

2. 深入了解行列排除法与区块排除法的变换。

教学要求

1. 熟练掌握宫内排除法与区块结合的解题模式。

2. 可以用区块及区块组合思路解决题目卡点。

3. 掌握排除法与唯余法两种观察模式。

4. 可以较熟练地解决初级难度的数独。

前面我们了解和学习了几种最常规的解数独题目的思路，主要有排除法、区块思路、数对占位思路和唯余法。而不管题目中含哪种技巧，排除法都毫无疑问地贯穿解题步骤的始终。而宫内排除法与区块的结合应用更是我们解题过程中最重要、最基础的方法。

在本课中，我们将排除法的重要概念再梳理一下，让你对排除法有更深入、更系统的理解。

一、排除法的概念

排除法是数独技巧中最基础、最重要的内容，要求我们对其概念和应用都要熟练掌握。排除法是利用数独规则直接引申出来的推理方法，我们来看下面的示意图（图13-1、图13-2）。

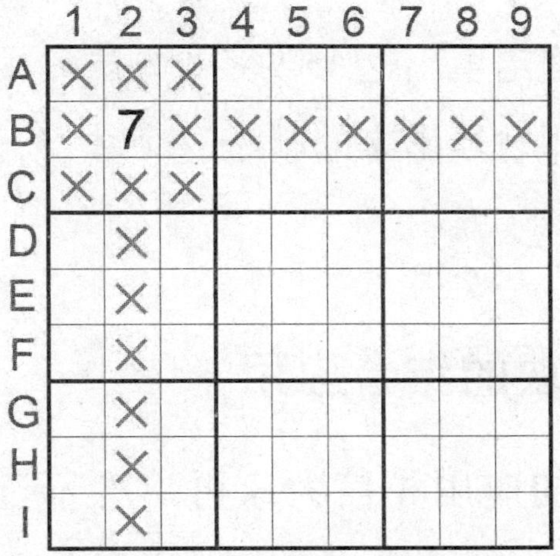

图13-1　排除效果示意图

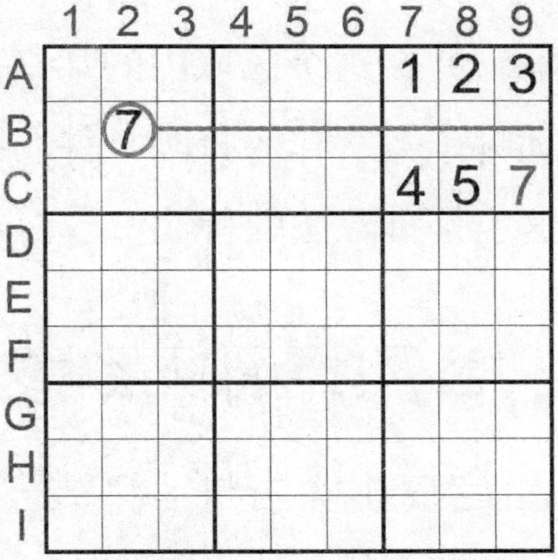

图13-2　宫内排除法示意图

在图13-1中，盘面内在B2格出现已知数7，根据数独规则，同行、同列和同宫内数字不能重复，那么出现的数字7可以使与其同行、同列和同宫内其他格内不能再填入数字7，这种禁止同区域内出现相同数字的方式就叫作“排除法”。

我们再来看图13-2，由于B2格出现数字7，可以将B行其他格都排除7，那么在三宫内就只有C9格可以填入7

了。这种利用排除方式在某个区域内确定某数字只能填在某格内的方法就是“排除法”。这个示意图是针对三宫使用的排除法，我们就称为“宫内排除法”。同理，如果针对某行列的某数进行排除，就称为“行列排除法”；使用“区块”作为排除条件的话，就称为“区块排除法”。

总之，排除法是利用某种数字对某个特定区域进行排除，并在这个区域内的某格确定填出这个数字的方法。用到哪个数字作为排除条件，那么填出来的就是这个数字，这也是排除法的特性。

二、宫内排除法与区块的结合应用

宫内排除法与区块结合的应用相信大家再熟悉不过了，我们解题中差不多有90%的填数都是利用这两种最基本的思路完成的。我们用一道题目再来强调一下区块标注在解题中的重要性（图13–3）。

在图13–3中，我们观察数字1的线索。由于刚开局没多久，如果六宫剩余两格的1、3没有及时标注的话，盘面目前只有一宫内A3格的1较容易发现，其他宫的1并不明显。但如果将九宫的区块1标注出来后，一条连续地排除线路就会显现出来。如图13–4所示。

	1	2	3	4	5	6	7	8	9
A		9			6		8		2
B	2	6		8		1			
C		8					1	6	
D			6	7			5		4
E	8			4		6	2	7	9
F	4		7			5	6		8
G	6	4	8						
H		7		5				2	6
I	1		2	6	7			8	

图13–3　排除法示例

	1	2	3	4	5	6	7	8	9
A		9	1		6		8		2
B	2	6		8		1			
C		8					1	6	
D			6	7			5	1	4
E	8	1		4		6	2	7	9
F	4		7	1		5	6		8
G	6	4	8						1 1
H		7		5	1			2	6
I	1		2	6	7			8	

图13–4　区块排除法的应用

先在九宫标注出区块1，利用该区块对八宫排除，可以得到H5=1，随后对五宫排除得到F4=1。然后马上又可以排除得到六宫和四宫内的数字1，最后又绕回到九宫，将刚标注的区块1定位得到G9=1。从中可以看出，标注区块线索和应用的重要性。如果九宫的线索被忽视掉，导致八宫的数字1没有及时填出，那后续的五个数字1都将无法定位，这样对后面的推理影响会很大。而类似的区块排除法在解题中比比皆是，从这里可以看出掌握宫内排除法与区块的常规应用的基本功是多么重要。

三、行列排除法与区块排除法的互换

我们在前面的内容了解到有些情况下行列排除法和区块排除法是可以互相转换的，或者说某种条件下，既可以用行列排除法推理，也可以用区块排除法的方式推理。下面再将这种可以互换的情况进行对比。一是对技巧概念加深理解，二是思考总结在具体解题时用哪种方式更好。来看下面的示意图（图13–5、图13–6）。

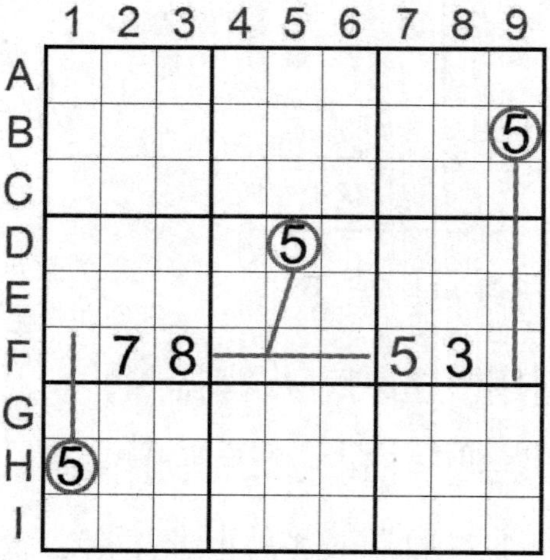

图13–5　行列排除法示意图

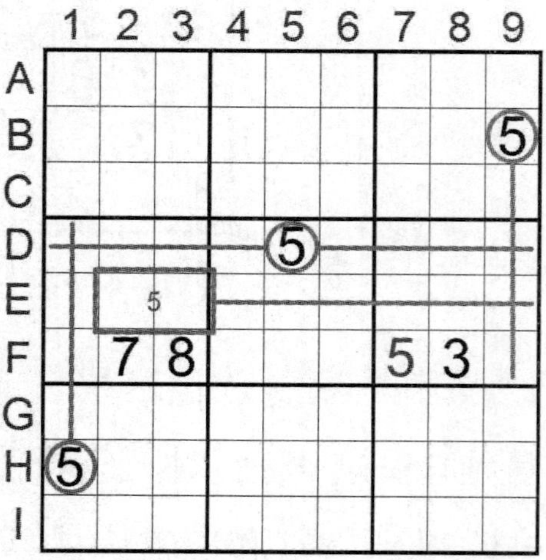

图13–6　区块排除法示意图

对比观察上面两个示意图，发现已知条件完全相同，而得到的结果也都是F7=5。但图13-5应用的是行列排除法的思路，利用H1、D5和B9三格的5对F行排除。而图11-6先利用D5和H1两格的5在四宫得到一个含5的区块，再利用这个区块结合D5和B9两格的5对六宫排除，最终得到相同的结论。

学习到目前的阶段，大家应该对两种思路都熟练掌握了。在解题实战中，可能区块的思路使用频率更高一些，但不排除有些爱好者的习惯或由于题目已知数位置的引导，先看到行列排除线索的情况。

除了上述行列排除法与普通的区块排除法互换外，还有一种情况，就是行列排除法可以与区块组合排除法互换，我们来看一下对比示意图（图13-7、图13-8）。

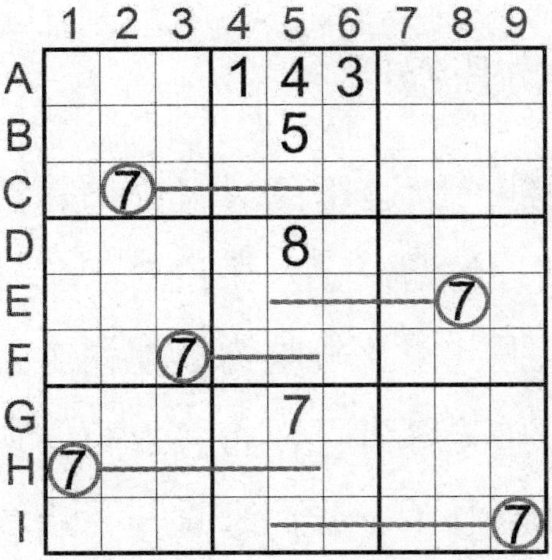

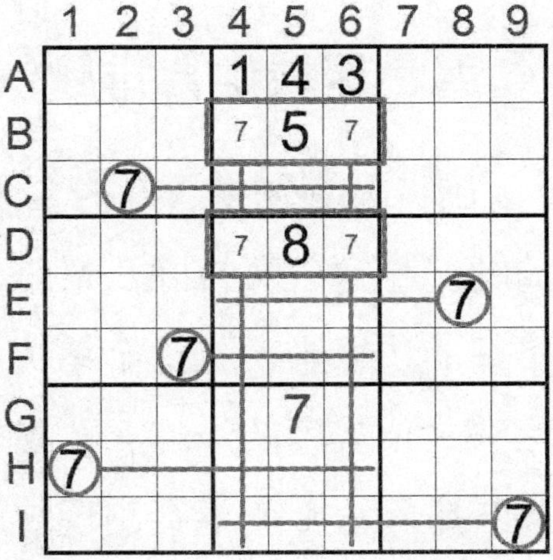

图13-7 行列排除法示意图 图13-8 区块组合排除法示意图

在这两图中，已知数条件也完全相同。图13-7是利用已知数7对5列进行排除，最终得到5列内的7只能填在G5格内，属于行列排除法的观察方式。而图11-8先利用C2格的7对二宫排除，在二宫内形成7的区块，再利用E8和F3两格的7对五宫排除，在五宫内也形成7的区块。而且二宫和五宫内数字7的区块都在4列和6列内，这时符合区块组合的前提条件，可以将二宫和五宫的区块7进行组合，对八宫排除4列与6列的六格位置，最后再结合H1和I9两格的7对八宫排除，也可以得到G5格填入7的结果。

在上述两图对比中，乍看图13-7较容易发现而在实际解题中很难及时观察到5列内数字7的线索，通常都是利用图11-8这种区块组合的观察模式将这个线索找到，这也是排除法的重点与难点内容。

四、区块组合排除法的升级版

在实际解题中，有时会遇到连续运用区块组合排除法的情况，这也算排除法最难处理的情况了。虽说对于基础不好的玩家来说，这个结构掌握起来比较吃力，但作为排除法封顶难度的结构，还是希望爱好者可以将其攻克，这样在排除法上就不会出现技术漏洞了。我们来看一下连续应用区块组合排除法的情况。在图13-9中，先利用已知的

B2、C8、E3和F9四格的9对二宫和五宫排除，在二宫和五宫内各形成一个9的区块，两个区块都处在4列和6列内。二宫和五宫的区块9符合区块组合条件，可以形成区块组合排除掉八宫内4列和6列的六格。这时根据二宫和五宫的区块组合对八宫排除，在八宫内也形成一个9的区块。再观察七宫，发现七宫同样有一个9的区块，恰好七宫和八宫内9的区块都在G行和H行内，这两宫内9的区块也符合区块组合的条件，可以形成区块组合对九宫进行排除。最终，根据七宫和八宫内9的区块组合，再结合C8和F9两格的9对九宫排除，在九宫内的I7格填入9。

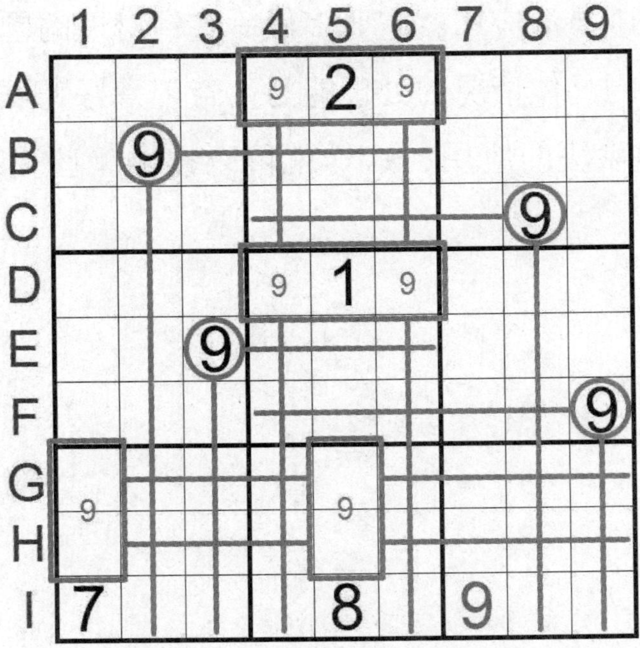

图13-9　区块组合排除法

五、排除法总结

本课将排除法的概念和各种结构又重新梳理了一遍，相信你对排除法有了更为系统的了解。其实排除法内容说得并不多，但确实有不少细节需要大家细心体会才能在实战中应用得得心应手。重点和难点就是区块的应用以及行列与区块的变换，如果这些内容在解题中可以灵活应用了，那么排除法内容大体就算掌握了，就可以放心地去做难度更高的题目和学习更难的技巧了。

相信每个爱好者对这些概念都能理解和熟悉，不过要想在实战中灵活应用就需要多做一些针对性的题目，增强你对更多的具体情况的处理能力。希望爱好者可以尽快全面掌握排除法的应用，这样就可以接触一些更有趣的数独解法了。

课后练习题

第13-1题

4		8	2					
			5			2	6	1
		5		3				8
6	7		4		5			
	4	1				8	5	
			6		3		2	7
5				9		3		
9	1	7			4			
					7	6		9

第13-2题

	4					6	8	5
8	7		3		4			
				1				7
1			5			7	6	
		7	4		6	3		
	5	6			3			8
2				5				
			2		9		7	6
7	8	4					9	

第13-3题

	9	1	6				8	
7								5
		6		5		7		4
			7		5			2
		7				3		
1			3		9			
2		3		1		5		
4								1
	1				4	9	3	

第13-4题

5			9					1
	2		6		1		3	
		1		2		8		
	1						5	2
		5				6		
6	9						7	
		2		8		1		
	4		5		6		9	
1					9			5

第13-5题

					5	7		9
	5			7				
				4	3	2		5
		9	7					1
	2	1				6	4	
5					1	8		
6		5	8	2				
				3			2	
1		2	5					

第13-6题

	8		6				2	
		2			9	7	1	
	5				1		3	
				2				
5	4	3				2	9	7
				5				
	2		3				7	
	3	7	5			6		
	1				6		8	

第13-7题

	1			7	8	4		
8		6	3				1	
	3							
3			9					2
	6	5				1	3	
4					6			8
							7	
	7				1	3		4
		3	7	8			5	

第13-8题

	7	3			2			
	8	2			6		9	4
			8				7	3
6	2					4		
		9					3	1
3	9				4			
8	1		3			5	4	
			9			3	6	

第13-9题

	5	4			6	8	2	
3				2				1
9				8				7
2								
	9	3				2	6	
								3
1				9				2
4				1				6
	2	7	5			9	1	

第13-10题

7					9			2
					6	7		
	3	8		2		6		
3	4		2		5			
		7				2		
			6		8		3	9
		1		9		3	2	
		3	1					
2			3					7

第十四课　宫内数对占位法总结

教学知识点

1. 了解数对占位法与排除法的关系。

2. 了解寻找数对占位线索的不同思路。

教学要求

1. 可以熟练找到常规的数对占位线索。

2. 掌握寻找特殊数对占位的思路。

3. 可以较熟练地解决含数对占位的中级数独。

在掌握排除法后，我们接触的第二块大的技巧内容就是数对占位法了，数对占位法是数独中非常重要的一种思考方式。通俗地说，数对占位法就是把一个宫内不确定的线索细化，整理出一对独立的间接条件，辅助我们后续的推理。

本课中，我们将对数对占位法的概念和各种结构进行梳理，让你对数对占位的原理和如何寻找数对建立更全面的认识。

一、数对占位法的概念

数对是数独中非常重要和基础的概念，可以说是排除法的升级版技巧。如果利用某一个数字对某区域排除，得到只有一格可以填入该数字，我们称为排除。那么如果利用某两个数字对某区域排除，得到只有两格可以填入这两个数字，我们就将其称为数对。下面用示意图来对比说明这两个概念（图14–1、图14–2）。

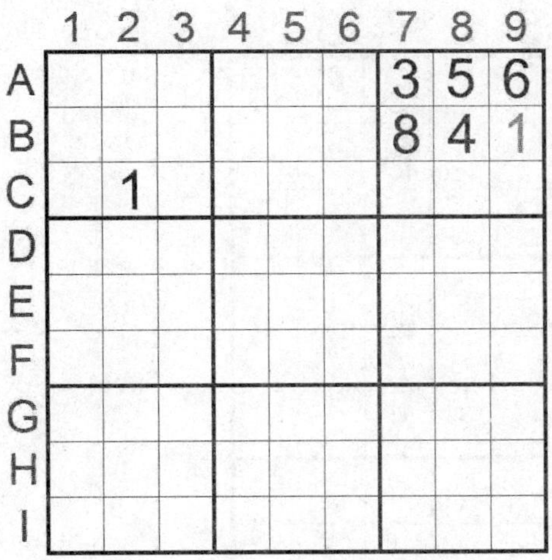

图14–1　排除法示意图

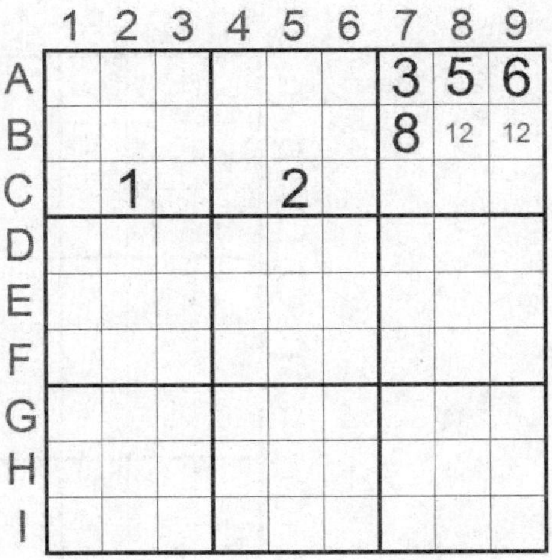

图14–2　数对占位法示意图

在图14–1中，利用C2格的数字1对三宫排除，在三宫内数字1只能在B9格内，我们称为排除法。在图11–2中，利用C行的已知数1、2同时对三宫排除，在三宫内数字1和2只能在B8和B9两格内，我们称为数对占位法。从这两图的对比中可以看出，数对占位法可以理解成利用两个数字的“排除法”，只不过排除后这两个数字的具体位置不能确定，但可以确定这两个数字与某两格形成了对应关系。

形成数对占位后，我们得到了一个数对结构，利用两数字将两格进行锁定占位，这样我们便可以通过其他数字不能再出现在这两格的原理，来推理数对影响位置的其他数字了，这两个图再加些条件，便可以清晰看出数对占位的作用，来看示意图14–3。

图14–3　数对占位法应用示意图

在图14–3中，先在三宫形成1、2数对占位后，再观察数字7对三宫的排除线索，由于数对占位的格内不能再填入其他数字，所以可以确定三宫内的数字7只能填在C9格内。从这个典型的数对占位法示意图中，我们可以看出数对条件起到了辅助和过渡的作用，将三宫的空格内线索进行整理细化，由五个都不确定的状态划分成了一个相对确定的两格和另外不确定的三格，为我们后续其他线索的推理提供了帮助。

二、数对占位法的不同情况

数对占位法是利用两数将某区域内的两格进行锁定占位的方法，但由于使用这两数的数量不同和区域内空格的位置不同，使数对占位在具体出现的结构时会有不同的情况。我们在下面给出两组对比示意图（图14-4、图14-5），让大家对数对的形成和如何寻找线索有更清晰的概念。

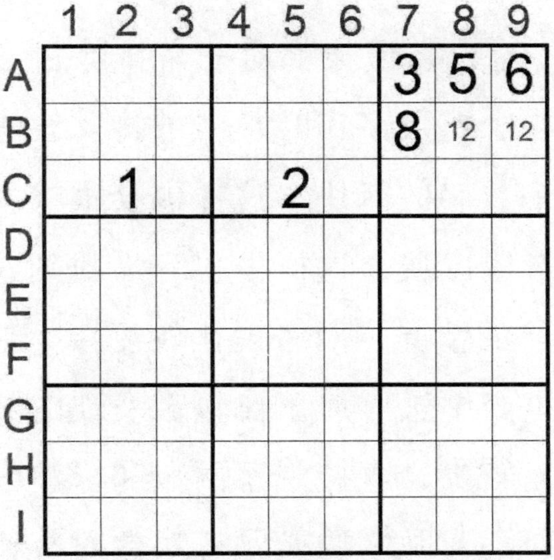

图14-4　数对占位法示意图1

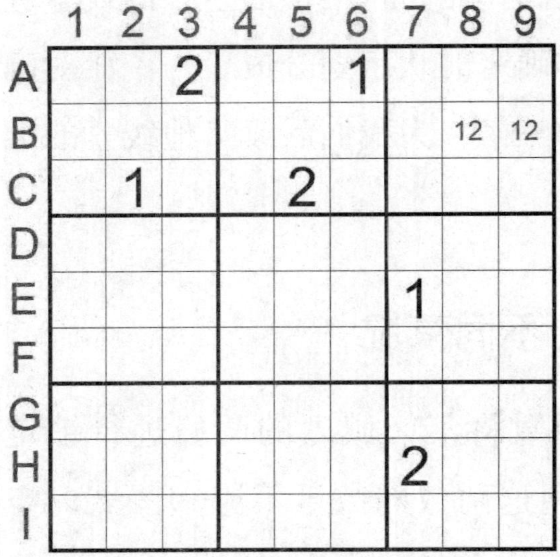

图14-5　数对占位法示意图2

图14-4中使用了一组数字1、2，针对三宫排除并形成数对占位。而图14-5中使用了三组数字1、2对三宫排除，在相同的两格内形成了数对占位。从上面的对比图可以看出来，比较空的宫内同样可以形成数对占位，前提是周围这两数的条件比较多。

在做题时遇到上述两种情况如何寻找数对线索呢？图14-4的情况比较容易处理，有一定基础的爱好者通常会及时发现C行的数字1、2都对三宫排除，直接形成数对占位。或者在观察数字1和数字2的排除线索时，在三宫标注出了某个数字的区块，这样也会很快发现另一个数字也在这里形成区块，这样也很容易找到这里的数对线索。而图14-5的情况相对来说比较复杂，这种情况我们在第十二课里介绍过，属于比较难发现的数对占位。由于宫内线索比较少，直接观察两数和标注区块凑数对都不太方便操作。通常需要做题者对数对有比较深入的理解后才会有意识地发现这种数对，这也是做题者需要慢慢培养的数独感觉。

除了数字数量上的差别导致数对技巧有所不同外，宫内空格位置的不同也会影响数对技巧的感觉，我们来看下面的对比示意图（图14–6、图14–7）。

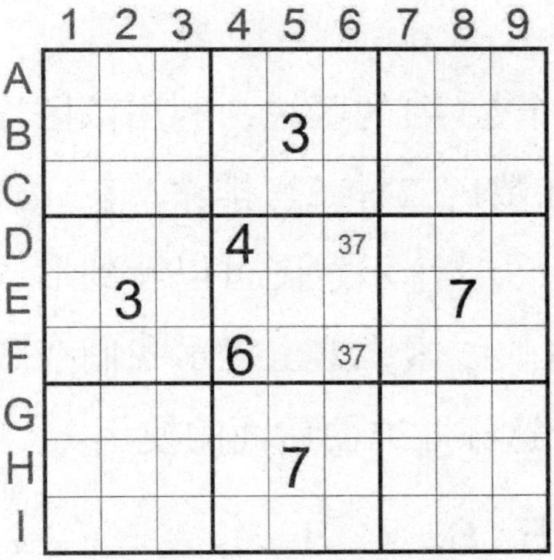

图14–6　数对占位法示意图3

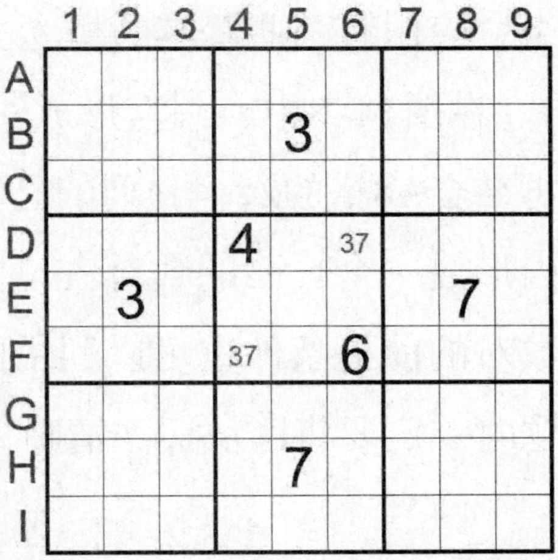

图14–7　数对占位法示意图4

在上面两个示意图中，都是根据E行和5列的已知数3、7对五宫排除，在五宫内形成的数对占位。图14–6属于比较常见的情况，我们通常在解题中将五宫内数字3或7的区块线索标注后，很容易找到五宫内的这种数对占位。而在图14–7中，数字3、7占据了斜向的D6和F4两格，虽说也是数对占位，但由于我们在解题时不太可能标注这种斜向的单数线索，使在寻找这种斜向数对时，需要一些感觉，当做题做到一定量或对数对有较深入的思考后，才能比较顺利地找到这种斜向的数对占位。

三、数对占位法与区块的联系

在熟练掌握区块技巧和数对占位法后，有时二者也会结合在一起应用，下面举两个例子，让我们对这些技巧的组合应用有一些基本的概念。

在图14–8中，一宫形成一个数字1的区块，利用该区块再结合A8格的2，与4列的已知数1、2对二宫排除，在二宫内形成一个1、2的数对占位。从这个示意图可以看到形成数对的前提条件也可以利用区块线索，这也提示我们在解题时一定要将区块标注清晰，这样才方便后面的使用。

图14–8　利用区块形成数对占位法

在图14-9中，先在二宫内找到一个1、2的数对占位，随后可以利用A1格的9再对二宫排除，由于数对占位的影响，二宫内数字9只能出现在B4或B5格，这样在二宫内就形成了一个9的区块。我们可以看到数对占位形成后，也不一定在下一步就可以排除得到确定的数字，有时会形成一个其他数字的区块条件，同样有可能为后续推理提供帮助。

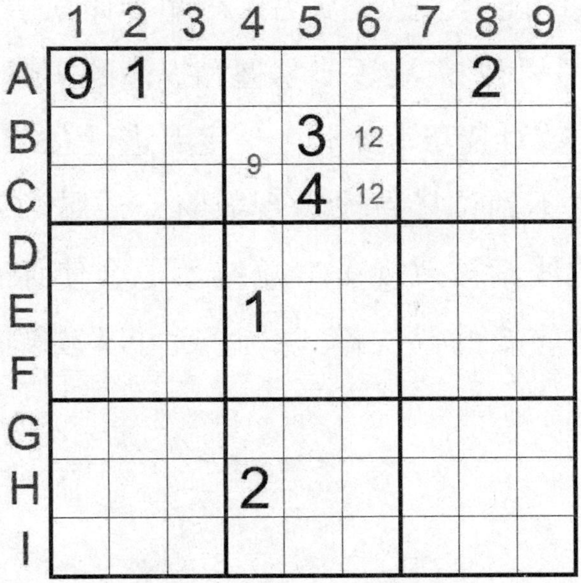

图14-9　数对占位法后形成区块

四、数对占位法总结

本课将数对占位法的概念、常见结构和与区块技巧结合的应用简要地梳理了一遍，让大家对数对占位法的概念和具体应用有了系统的认识。数对占位作为数独中的重要思路一定要熟练掌握，不仅由于其在题目中的出现率极高，而且后续一些技巧也和数对有密切的联系。数独技巧是衡量数独玩家进入中级水平的重要参考指标，也是学习后续高级技巧的基本功。

在解题过程中，我们通常依靠标准区块线索来辅助寻找数对，但有些特殊情况不便标注，这就需要我们具有同时观察多数的能力，这也从另一个角度体现了数独解题的观察能力，是我们需要逐步掌握和提高的实战方法。如果在做某题被数对技巧卡住后，一定要进行总结。考虑自己是由于标注不到位导致没发现数对，还是数对有什么特殊情况导致线索被忽视了，总结不足会使你在以后的做题中逐渐适应新的寻找模式，达到可以破解各种数对的水平。

课后练习题

第14-1题

		5					9	
7		3	9					
				4	3		2	8
		6	3		8		4	
		2				3		
	3		6		2	9		
5	2		1	3				
					9	2		1
	6					8		

第14-2题

							4	
9		4	6	1		3		
	5		3				8	
			1		2	8	3	
	1						7	
	8	3	5		7			
	9				3		1	
		2		7	6	5		8
	7							

第14-3题

6	7					5		2
	2	4					7	8
8				6			3	
			4		2			
		1				2		
			6		9			
	9			2				3
5	8					9	2	
7		2					8	5

第14-4题

	5		1		4			7
							2	5
8			7	2				4
	7		3	8				9
9				1	7		8	
1				4	2			3
5	2							
7			8		1		6	

第14-5题

					4	9	7	
4		7			1			
9		1				2	4	
5	4			3				
			5		2			
				6			2	4
	3	8				4		2
			2			1		8
	2	5	4					

第14-6题

1		9			2			
	6				4			
4	7		6					
2			4	6			9	
7	8						3	4
	4			1	8			5
					6		1	2
			2				7	
			7			4		9

第14-7题

8		6	7					9
		9	5		1			
							1	4
	6			7			3	5
			8		3			
7	3			1			6	
5	4							
			1		6	7		
6					2	5		1

第14-8题

6	2					3		
		9					2	7
1		3		5			6	
		1	4	6				
	8						4	
				7	8	1		
	4			2		7		1
2	1					6		
		5					9	2

第14-9题

			1				2	4
	3							7
			8			3		
7	1		5		3		6	2
		2				4		
9	6		4		8		7	3
		7			9			
8							4	
1	2				7			

第14-10题

3	7			5				1
						3		8
	2	1	3			4		
				7		9		
8			6		9			3
		5		4				
		2			6	1	3	
7		3						
4				3			8	5

第十五课　唯余法总结

教学知识点

1. 深入理解排除法与唯余法的异同。

2. 了解寻找唯余线索的思路。

教学要求

1. 熟练掌握利用数空方式寻找唯余线索的思路。

2. 学会利用区块或数对占位线索寻找唯余线索。

3. 可以解决各种技巧的中级数独题目。

唯余法是数独中最基础的解题思路之一，但由于寻找唯余线索的效率比寻找排除法低很多，使我们在接触数独前期将注意力更多地放在了如何熟练使用排除法上，而对唯余法的重视程度偏低。不过在排除法熟练掌握后，在解中高级难度数独题目时，是否熟练应用唯余法反而是玩家水平差别的关键所在。唯余法同时也是数独玩家是否可以熟练解数独题目的重要技术参考。唯余法理解起来很容易，但在实战中寻找难度会很大，所以读者应将对题目中如何简便快捷地找到唯余线索作为思考和练习的重点内容。

一、唯余法的概念

唯余法顾名思义就是在某格内唯一剩余一个数字可填，而使某格只剩一个数字可填则需要有八个不同的已知数字都对这格产生影响的方法。由于寻找唯余的线索需要利用多个数字或者观察区域里的空格线索，因而其观察难度较大，填数的效率也较低。我们在解题时，通常都是先寻找排除和区块的线索，然后继续挖掘数对占位线索，如果再无法填数时才开始寻找唯余的线索。

虽然说排除法和唯余法都是数独中最基础的填数方法，也都是由数独规则直接引申出的逻辑思路。但二者还是有非常大的差别，主要体现在三个方面：首先，排除法是利用单数线索去寻找这个单数的填入位置，而唯余法是利用多数线索找到某格内唯一的填数可能。其次，排除法是指向行、列或宫这种区域来寻找线索的，而唯余法是指向某格来寻找线索的。最后，排除法在观察方面难度较低，便于和区块、数对等技巧综合运用，使题目前期推进和后期收尾都可以简便高效地完成，而唯余法相对而言比较孤立，较难与其他技巧连贯应用，再加上出数效率较低，通常用在题目中期的突破卡点上，一旦卡点突破后通常还是使用排除法完成后续的填数。

二、唯余法的不同情况

唯余法是利用八个不同的数字共同影响一格而形成的结构。八个数字出现的位置不同，会使唯余法的观察难度有所不同。我们来看几组不同的对比示意图，从不同角度来认识唯余法的不同结构。

在图15–1与图15–2中，八个已知数都出现在D行和7列这两个区域内，都是在D7格唯余得到数字8。图15–1的情况在实战中更容易找到，因为D行这时只有三个空格，缺少数字6、7、8，而7列有数字6和7，这样便可以得到D7格唯余填入8的结论。在图15–2中，不论观察D行还是观察7列，都有五个空格，在实战中通常不会先到这种条件较少

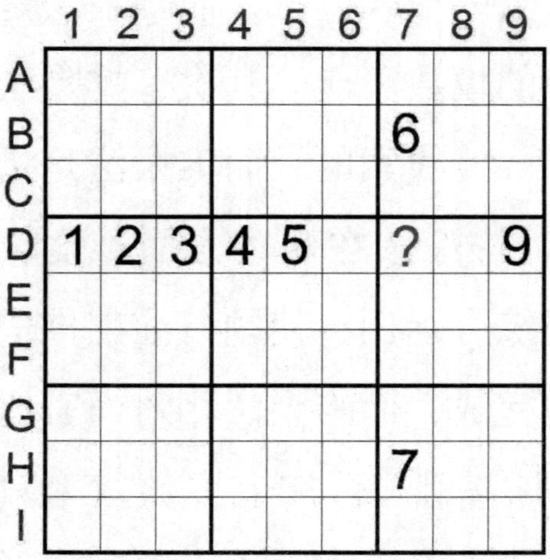

图15–1　唯余法示意图1

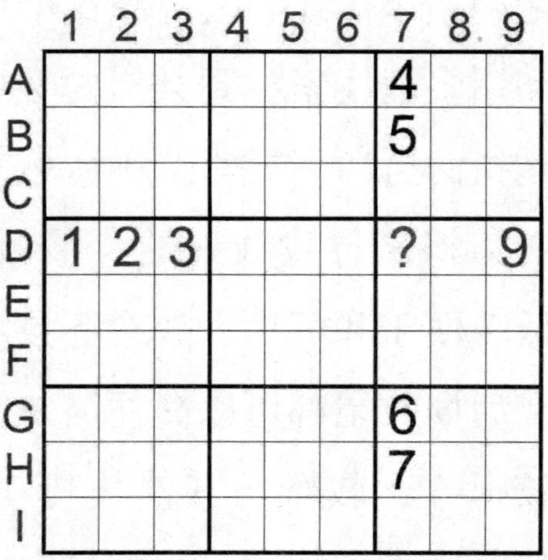

图15–2　唯余法示意图2

的区域里寻找线索，也就使发现这种情况在实战中会多花费些时间和精力。

除了两个区域内已知数个数不同的差异外，要形成唯余线索，有时八个已知数也可以出现在三个区域内，如图15–3与图15–4所示。

在这两个示意图中，图15–3里八个已知数出现在D行和9列，根据这两个区域内的已知数对D9格进行唯余判定。图15–4中八个已知数出现在D行、9列和六宫这三个区域内，利用这三个区域共同对D9格产生影响形成唯余判定。在实战中，显然图15–4的情况更难处理，遇到这种情况依靠行列里或宫里的空格也很难处理，因为可能在行、列和宫内的空格都很多，往往需要一些感觉，感觉这附近受到不同数字的影响较多，刻意按单格的角度确认是否有唯余线索。

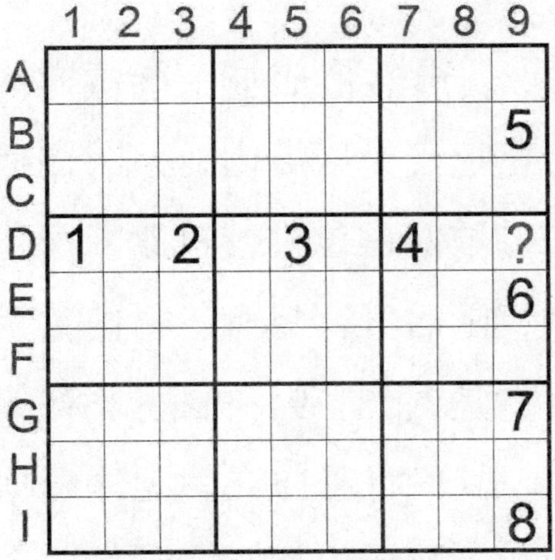

图15–3　唯余法示意图3

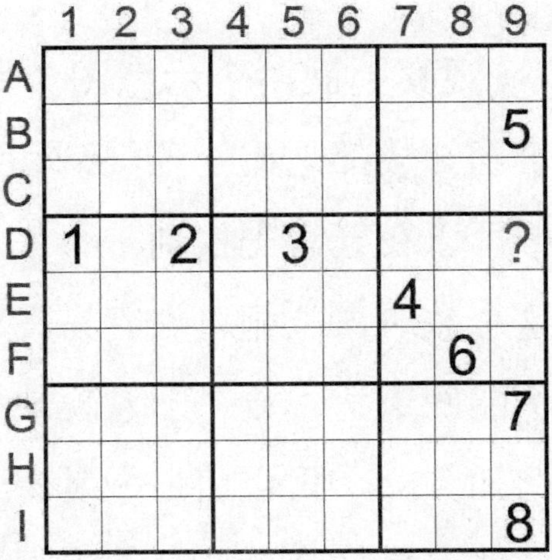

图15–4　唯余法示意图4

三、是否可以被简化的唯余法

唯余法除了由已知数的不同位置导致的差异外，在实际操作中，是否能被数对占位法简化，也是造成寻找难度差异的重要区分点。我们来看下面的对比示意图（图15-5、图15-6）。

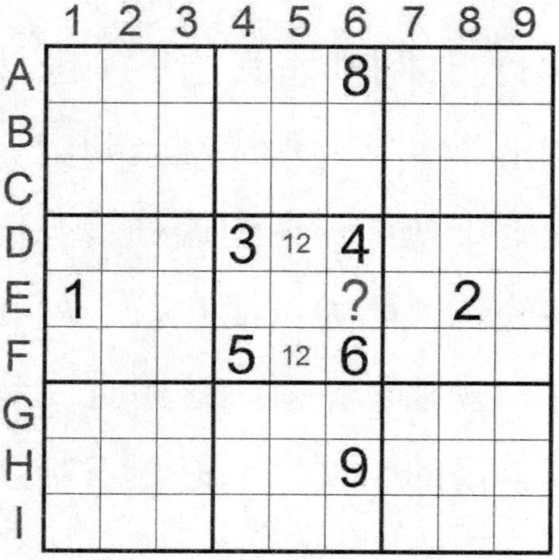

图15-5　唯余法示意图5

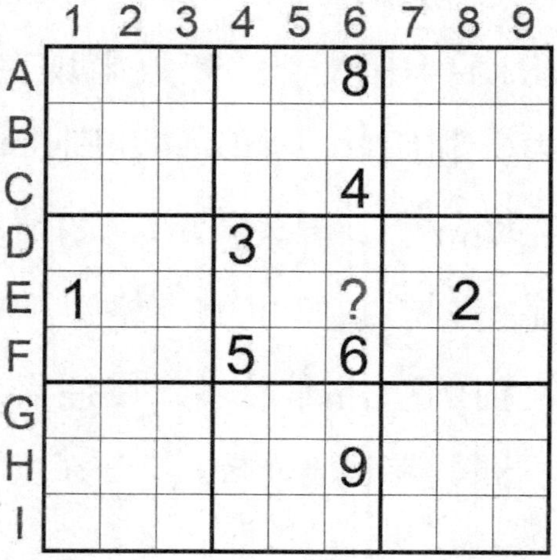

图15-6　唯余法示意图6

观察上面两个示意图会发现，虽然形成唯余线索的八个已知数都是在E行、6列和五宫这三个区域内，但图15-5中可以在五宫先找到一个1、2的数对占位进行过渡，由于这个数对占位相对更容易发现，随后五宫只有三格内数字不能确定了，数一下发现缺少的是7、8、9，再根据6列的已知数8、9可以将E6格唯余填入7。而图15-6就无法根据其他方法将这个唯余的观察简化，只能根据观察到的这个八个数字对E6格进行唯余，这种情况也是最难处理的唯余情况，在我们前期学习的几种技巧中，这种情况的唯余卡点几乎也属于观察难度最大的技巧了。

四、唯余法总结

在本课中我们将唯余法的各种情况和造成差异性的原因进行了对比介绍。我们发现，唯余法最简单的情况和最难的情况之间的难度差异很大，这也是唯余法不容易完全掌握的原因之一。不少顶尖高手遇到比较难处理的唯余情况也常会被卡住，所以唯余法是我们在相当长的一段时间内都需要总结和练习的技巧。虽然说熟悉唯余法的各种情况对于突破唯余卡点有直接的效果，但从更大的范围来看，是否将排除法和标注做到位对寻找唯余线索是重要且基础的功课。因为通常找唯余线索的前提是排除法无法继续进行推理了，但如果排除法的线索没有清理干净，就误认为题目被唯余法卡住了，会浪费很多精力去寻找本不存在的其他线索，这样很容易导致题目完全卡死，浪费很多精力后才发现原来是某处排除法没有发现，这也是初学者最容易出现的解题误区之一。所以，在练习寻找唯余法之前，务必将排除法掌握得非常熟练，等到排除法过关后，再针对练习唯余的题目逐步将寻找唯余法的思路练熟。

课后练习题

第15-1题

3		4			6	2		
					7		9	8
	7		3				5	4
9	8							
	6						4	
							8	2
5	4				2		7	
7	1		8					
		9	7			8		1

第15-2题

5		7			1	6	8	
		6						9
	1			4	6			
	9					7		
	5	8				9	2	
		1					5	
			4	8			9	
4						8		
	8	9	3			4		2

第15-3题

2		5			3			
	3				1	5	6	
			2			3	9	8
3				9		4		
		4		2				5
7	9	3			8			
	6	1	7				8	
			6			7		1

第15-4题

9					2			8
			6	7	3			
				8				
5	1		8		4		7	
	4	9				3	8	
	2		9		1		5	4
				1				
			3	9	7			
7			5					2

第15-5题

	8				3			
	7		2				9	6
		2	6			5		
7			3		1	4	8	
	3	5	8		4			9
		7			6	8		
9	2				7		6	
			1				7	

第15-6题

			9		3		2	
4		1	2			3		9
					1	4		
6	8		4					3
7					6		1	8
		3	5					
2		7			9	6		5
	5		7		4			

第15-7题

4		9	8			7	6	
		8						
			7	9				1
	9		5			2	4	
	6						3	
	7	4			8		5	
5				1	3			
						3		
	4	3			9	5		2

第15-8题

		2	6	4	7			
	9	4						5
			3					
		7		1			3	
5		3	4		6	1		7
	4			7		8		
					4			
4						7	9	
			7	3	1	2		

第15-9题

6				8	7			2
	2				3	8	6	
	3			5				
5	4							
1		8				4		3
							5	6
				1			4	
	5	1	3				9	
4			7	2				1

第15-10题

4		2						7
8			6			4		9
2			8	3			1	
3		4	9		6	7		5
	6			2	5			8
5		8			3			4
1						5		2

课后练习题答案

第二课

第2-1题

4	2	8	1	7	9	3	5	6
9	7	5	6	8	3	1	2	4
6	3	1	4	2	5	8	7	9
2	5	4	3	6	8	7	9	1
3	6	9	2	1	7	5	4	8
1	8	7	5	9	4	2	6	3
8	9	2	7	4	1	6	3	5
7	4	3	8	5	6	9	1	2
5	1	6	9	3	2	4	8	7

第2-2题

2	7	9	8	6	5	4	3	1
8	6	4	3	1	7	5	2	9
1	3	5	2	9	4	7	6	8
3	5	7	9	8	6	1	4	2
6	4	1	5	7	2	8	9	3
9	8	2	1	4	3	6	5	7
4	9	6	7	2	1	3	8	5
7	2	3	4	5	8	9	1	6
5	1	8	6	3	9	2	7	4

第2-3题

9	3	1	6	4	5	8	7	2
2	5	7	8	1	9	6	4	3
8	4	6	2	3	7	5	1	9
6	1	4	9	5	3	7	2	8
3	2	9	7	8	4	1	5	6
5	7	8	1	2	6	3	9	4
1	9	5	3	6	2	4	8	7
7	8	3	4	9	1	2	6	5
4	6	2	5	7	8	9	3	1

第2-4题

5	9	2	1	8	3	4	7	6
8	7	1	9	4	6	2	3	5
3	4	6	7	2	5	8	9	1
2	1	7	5	9	8	6	4	3
4	6	8	3	1	7	5	2	9
9	3	5	4	6	2	1	8	7
6	5	4	8	7	9	3	1	2
1	2	9	6	3	4	7	5	8
7	8	3	2	5	1	9	6	4

第2-5题

6	4	1	8	9	7	3	5	2
2	5	8	1	4	3	7	9	6
3	7	9	5	2	6	1	4	8
9	3	7	4	8	5	6	2	1
4	8	2	6	1	9	5	7	3
1	6	5	7	3	2	9	8	4
8	1	3	9	5	4	2	6	7
7	9	4	2	6	1	8	3	5
5	2	6	3	7	8	4	1	9

第2-6题

9	3	7	5	8	2	6	1	4
5	1	4	6	7	9	3	2	8
2	8	6	3	4	1	7	9	5
7	5	8	2	6	4	9	3	1
4	6	1	9	3	7	8	5	2
3	2	9	1	5	8	4	6	7
6	4	3	8	1	5	2	7	9
8	9	5	7	2	3	1	4	6
1	7	2	4	9	6	5	8	3

第2-7题

4	5	7	2	1	3	6	8	9
1	3	2	6	9	8	5	4	7
6	9	8	7	4	5	3	2	1
3	7	1	9	5	2	8	6	4
8	4	9	1	3	6	7	5	2
5	2	6	4	8	7	1	9	3
7	6	3	8	2	9	4	1	5
9	8	4	5	7	1	2	3	6
2	1	5	3	6	4	9	7	8

第2-8题

7	8	1	5	4	6	9	3	2
5	2	4	7	3	9	6	1	8
3	6	9	8	1	2	7	4	5
9	3	5	2	6	4	8	7	1
1	4	8	9	7	3	2	5	6
6	7	2	1	8	5	4	9	3
2	1	3	6	9	7	5	8	4
4	5	7	3	2	8	1	6	9
8	9	6	4	5	1	3	2	7

第2-9题

4	5	7	9	2	1	6	8	3
9	3	2	8	6	4	5	1	7
8	1	6	7	3	5	9	2	4
7	2	3	6	5	9	8	4	1
6	8	4	2	1	3	7	9	5
5	9	1	4	7	8	3	6	2
2	4	5	3	9	6	1	7	8
1	7	9	5	8	2	4	3	6
3	6	8	1	4	7	2	5	9

第2-10题

2	9	4	1	7	8	3	5	6
3	6	7	2	5	4	9	8	1
5	1	8	3	6	9	2	4	7
6	3	9	8	1	7	5	2	4
4	7	1	9	2	5	8	6	3
8	2	5	4	3	6	7	1	9
1	5	6	7	9	2	4	3	8
7	4	2	6	8	3	1	9	5
9	8	3	5	4	1	6	7	2

第三课

第3-1题

5	2	9	1	3	7	4	8	6
6	8	4	5	9	2	7	3	1
1	3	7	8	4	6	9	2	5
7	4	1	6	8	5	2	9	3
3	9	5	7	2	4	6	1	8
8	6	2	9	1	3	5	7	4
2	5	8	4	7	1	3	6	9
9	7	6	3	5	8	1	4	2
4	1	3	2	6	9	8	5	7

第3-2题

5	3	4	1	7	9	6	8	2
9	6	1	2	5	8	4	7	3
2	8	7	3	4	6	1	5	9
3	5	9	4	6	2	8	1	7
7	1	6	9	8	3	5	2	4
8	4	2	7	1	5	3	9	6
4	9	5	6	2	1	7	3	8
6	2	8	5	3	7	9	4	1
1	7	3	8	9	4	2	6	5

第3-3题

9	3	8	6	5	2	4	1	7
5	4	7	3	9	1	8	2	6
2	6	1	8	4	7	3	5	9
4	2	5	7	1	8	6	9	3
3	8	9	4	2	6	1	7	5
1	7	6	9	3	5	2	8	4
6	9	2	5	8	3	7	4	1
8	5	3	1	7	4	9	6	2
7	1	4	2	6	9	5	3	8

第3-4题

4	8	6	1	5	2	7	9	3
9	7	5	4	3	8	6	2	1
2	3	1	7	6	9	5	4	8
7	6	4	3	8	1	9	5	2
3	5	9	2	4	7	1	8	6
8	1	2	5	9	6	4	3	7
5	4	7	8	1	3	2	6	9
6	2	3	9	7	5	8	1	4
1	9	8	6	2	4	3	7	5

第3-5题

4	5	9	3	6	8	7	2	1
7	6	2	5	1	4	8	3	9
1	3	8	2	9	7	6	4	5
2	9	4	1	7	3	5	8	6
3	1	6	8	5	2	9	7	4
8	7	5	6	4	9	3	1	2
5	2	7	9	3	1	4	6	8
6	4	1	7	8	5	2	9	3
9	8	3	4	2	6	1	5	7

第3-6题

9	4	2	8	1	7	6	3	5
8	3	6	5	9	4	7	1	2
5	7	1	2	6	3	8	4	9
3	5	7	6	4	1	2	9	8
4	2	8	9	3	5	1	7	6
1	6	9	7	8	2	4	5	3
6	9	5	1	7	8	3	2	4
2	1	4	3	5	6	9	8	7
7	8	3	4	2	9	5	6	1

第3-7题

8	3	1	6	7	9	5	4	2
6	9	4	2	1	5	8	3	7
5	2	7	3	4	8	1	9	6
9	1	8	7	6	4	3	2	5
3	7	2	9	5	1	6	8	4
4	6	5	8	2	3	9	7	1
1	4	9	5	8	7	2	6	3
2	5	3	4	9	6	7	1	8
7	8	6	1	3	2	4	5	9

第3-8题

8	1	4	3	7	2	5	9	6
3	2	9	4	6	5	8	7	1
7	6	5	8	1	9	3	2	4
9	4	6	5	2	8	1	3	7
5	8	7	1	9	3	4	6	2
1	3	2	7	4	6	9	8	5
4	9	1	2	3	7	6	5	8
6	7	8	9	5	4	2	1	3
2	5	3	6	8	1	7	4	9

第3-9题

9	6	3	1	7	5	4	8	2
2	7	8	4	6	3	1	5	9
1	4	5	9	8	2	6	7	3
6	3	4	5	9	7	8	2	1
7	1	9	2	4	8	3	6	5
8	5	2	6	3	1	9	4	7
4	9	7	3	2	6	5	1	8
3	2	1	8	5	4	7	9	6
5	8	6	7	1	9	2	3	4

第3-10题

4	8	2	7	9	5	3	1	6
1	3	9	2	4	6	5	7	8
6	7	5	3	8	1	9	2	4
7	6	8	1	3	9	2	4	5
3	9	1	4	5	2	8	6	7
5	2	4	6	7	8	1	3	9
2	5	3	8	6	7	4	9	1
8	1	7	9	2	4	6	5	3
9	4	6	5	1	3	7	8	2

第四课

第4-1题

5	9	3	2	8	7	4	1	6
2	7	4	1	6	5	9	8	3
8	1	6	9	3	4	5	7	2
4	3	9	6	7	1	2	5	8
6	5	2	3	9	8	1	4	7
1	8	7	4	5	2	6	3	9
7	2	5	8	4	6	3	9	1
3	4	1	7	2	9	8	6	5
9	6	8	5	1	3	7	2	4

第4-2题

5	7	8	4	6	9	1	3	2
2	1	4	7	5	3	8	6	9
9	6	3	1	8	2	7	4	5
8	3	6	2	4	5	9	1	7
4	5	1	9	7	8	3	2	6
7	2	9	3	1	6	4	5	8
3	4	5	6	9	7	2	8	1
6	9	2	8	3	1	5	7	4
1	8	7	5	2	4	6	9	3

第4-3题

7	6	2	1	4	9	8	5	3
3	1	9	7	5	8	4	2	6
8	4	5	2	6	3	1	9	7
6	9	3	8	1	2	5	7	4
2	8	7	4	3	5	9	6	1
4	5	1	9	7	6	3	8	2
1	3	6	5	9	7	2	4	8
5	2	4	6	8	1	7	3	9
9	7	8	3	2	4	6	1	5

第4-4题

1	2	7	6	4	9	8	5	3
9	5	4	8	3	7	2	6	1
6	3	8	2	1	5	7	9	4
4	7	2	5	8	6	3	1	9
3	9	6	1	2	4	5	7	8
8	1	5	7	9	3	4	2	6
7	8	9	3	6	2	1	4	5
5	4	3	9	7	1	6	8	2
2	6	1	4	5	8	9	3	7

第4-5题

1	3	6	4	7	9	2	5	8
5	9	2	3	8	6	7	1	4
8	4	7	1	2	5	3	6	9
2	7	8	9	5	1	4	3	6
6	1	9	2	4	3	8	7	5
4	5	3	8	6	7	1	9	2
7	2	5	6	1	8	9	4	3
3	8	1	5	9	4	6	2	7
9	6	4	7	3	2	5	8	1

第4-6题

1	4	7	6	3	5	9	2	8
3	8	2	9	4	7	1	6	5
5	6	9	2	8	1	3	7	4
2	3	4	8	7	9	6	5	1
6	7	8	5	1	2	4	3	9
9	1	5	3	6	4	2	8	7
7	2	6	1	9	8	5	4	3
4	5	1	7	2	3	8	9	6
8	9	3	4	5	6	7	1	2

第4-7题

9	3	4	8	2	1	6	7	5
7	1	8	6	3	5	9	2	4
6	5	2	4	7	9	3	1	8
2	6	5	1	4	8	7	9	3
3	8	1	9	6	7	5	4	2
4	9	7	3	5	2	1	8	6
1	4	9	5	8	3	2	6	7
5	2	6	7	9	4	8	3	1
8	7	3	2	1	6	4	5	9

第4-8题

6	9	5	2	3	8	7	1	4
2	8	4	1	6	7	3	5	9
1	3	7	4	9	5	8	2	6
9	1	6	8	5	4	2	7	3
4	2	3	7	1	9	5	6	8
5	7	8	6	2	3	4	9	1
8	6	1	5	4	2	9	3	7
3	4	2	9	7	6	1	8	5
7	5	9	3	8	1	6	4	2

第4-9题

7	2	6	3	1	5	4	8	9
8	4	1	7	9	2	3	6	5
5	3	9	6	4	8	1	2	7
2	9	8	4	5	7	6	1	3
4	6	3	9	8	1	7	5	2
1	7	5	2	6	3	9	4	8
6	5	4	8	3	9	2	7	1
3	8	2	1	7	4	5	9	6
9	1	7	5	2	6	8	3	4

第4-10题

9	8	5	1	3	7	4	2	6
4	2	7	6	8	5	1	9	3
6	3	1	9	2	4	7	5	8
8	1	3	5	7	6	9	4	2
2	5	4	3	9	1	6	8	7
7	9	6	2	4	8	3	1	5
3	4	2	7	5	9	8	6	1
1	7	8	4	6	2	5	3	9
5	6	9	8	1	3	2	7	4

第五课

第5-1题

2	1	7	6	8	9	4	3	5
4	8	5	2	7	3	6	1	9
9	6	3	5	1	4	2	8	7
6	5	2	4	3	7	1	9	8
3	7	1	9	2	8	5	6	4
8	9	4	1	6	5	3	7	2
5	4	6	7	9	1	8	2	3
7	2	8	3	4	6	9	5	1
1	3	9	8	5	2	7	4	6

第5-2题

5	6	9	1	3	7	4	2	8
3	1	8	5	4	2	7	9	6
2	4	7	6	9	8	5	1	3
7	2	4	8	6	1	9	3	5
1	8	6	3	5	9	2	7	4
9	5	3	7	2	4	6	8	1
8	7	5	9	1	6	3	4	2
6	9	2	4	8	3	1	5	7
4	3	1	2	7	5	8	6	9

第5-3题

2	3	8	9	7	1	4	6	5
7	6	4	3	5	8	2	1	9
1	5	9	2	4	6	7	8	3
6	9	2	7	8	4	3	5	1
4	8	5	1	3	9	6	7	2
3	7	1	5	6	2	8	9	4
5	2	3	8	9	7	1	4	6
8	1	6	4	2	5	9	3	7
9	4	7	6	1	3	5	2	8

第5-4题

2	6	1	3	8	4	7	5	9
8	4	7	9	2	5	3	6	1
5	3	9	7	6	1	2	8	4
3	2	6	8	4	7	1	9	5
7	9	4	1	5	2	6	3	8
1	8	5	6	9	3	4	2	7
6	5	3	4	7	9	8	1	2
9	7	8	2	1	6	5	4	3
4	1	2	5	3	8	9	7	6

第5-5题

2	4	8	9	1	5	6	3	7
5	9	7	2	6	3	8	4	1
3	6	1	7	4	8	9	2	5
1	8	2	4	9	6	5	7	3
9	3	5	8	7	1	2	6	4
6	7	4	3	5	2	1	8	9
4	5	3	6	2	9	7	1	8
7	2	9	1	8	4	3	5	6
8	1	6	5	3	7	4	9	2

第5-6题

8	2	6	5	7	4	9	1	3
3	7	5	8	9	1	2	6	4
4	9	1	3	2	6	8	7	5
2	6	3	4	8	9	7	5	1
1	8	4	6	5	7	3	9	2
9	5	7	1	3	2	4	8	6
6	3	2	7	1	8	5	4	9
5	4	8	9	6	3	1	2	7
7	1	9	2	4	5	6	3	8

第5-7题

6	3	1	9	2	7	5	4	8
2	4	5	1	8	3	6	7	9
8	7	9	5	6	4	3	1	2
1	8	4	3	7	2	9	6	5
5	9	3	6	1	8	4	2	7
7	6	2	4	5	9	8	3	1
9	1	6	2	4	5	7	8	3
3	2	7	8	9	6	1	5	4
4	5	8	7	3	1	2	9	6

第5-8题

7	3	4	8	5	2	9	6	1
9	8	1	3	6	7	4	5	2
5	2	6	9	1	4	7	8	3
4	5	8	2	3	6	1	9	7
2	6	7	5	9	1	3	4	8
1	9	3	7	4	8	5	2	6
3	1	9	6	8	5	2	7	4
8	7	5	4	2	3	6	1	9
6	4	2	1	7	9	8	3	5

第5-9题

9	2	3	7	8	4	5	6	1
1	7	6	5	2	3	8	4	9
4	8	5	1	9	6	3	7	2
2	5	1	9	3	7	6	8	4
8	3	4	6	5	1	9	2	7
6	9	7	2	4	8	1	3	5
3	6	9	4	1	2	7	5	8
7	1	2	8	6	5	4	9	3
5	4	8	3	7	9	2	1	6

第5-10题

4	3	1	7	8	2	5	9	6
5	8	2	6	4	9	7	3	1
7	6	9	3	1	5	8	4	2
3	7	5	1	6	4	2	8	9
1	2	8	9	5	3	4	6	7
9	4	6	2	7	8	1	5	3
2	5	3	8	9	7	6	1	4
6	9	4	5	2	1	3	7	8
8	1	7	4	3	6	9	2	5

第六课

第6-1题

4	7	8	5	9	3	6	2	1
5	3	1	7	2	6	8	9	4
9	2	6	4	8	1	5	3	7
1	6	7	2	3	5	4	8	9
2	9	5	6	4	8	1	7	3
3	8	4	1	7	9	2	5	6
6	4	3	8	5	7	9	1	2
7	5	2	9	1	4	3	6	8
8	1	9	3	6	2	7	4	5

第6-2题

3	2	8	7	6	9	5	1	4
7	4	9	3	1	5	6	8	2
1	5	6	8	4	2	7	9	3
6	7	2	5	3	1	8	4	9
8	3	5	6	9	4	1	2	7
9	1	4	2	7	8	3	6	5
5	6	1	4	2	3	9	7	8
4	8	7	9	5	6	2	3	1
2	9	3	1	8	7	4	5	6

第6-3题

7	5	4	6	3	1	8	9	2
1	9	8	2	5	7	3	6	4
3	2	6	8	9	4	1	7	5
5	8	9	4	6	2	7	1	3
2	7	1	5	8	3	6	4	9
6	4	3	7	1	9	5	2	8
4	3	2	1	7	8	9	5	6
9	6	7	3	4	5	2	8	1
8	1	5	9	2	6	4	3	7

第6-4题

3	7	8	6	5	9	1	4	2
4	1	5	3	2	8	6	7	9
9	6	2	4	1	7	8	3	5
5	4	6	9	7	3	2	1	8
1	2	7	5	8	6	4	9	3
8	3	9	2	4	1	5	6	7
6	8	1	7	3	5	9	2	4
2	5	3	1	9	4	7	8	6
7	9	4	8	6	2	3	5	1

第6-5题

3	2	5	9	7	8	6	4	1
7	6	4	1	2	5	3	9	8
8	1	9	4	3	6	2	5	7
1	5	6	2	8	7	4	3	9
4	8	7	3	6	9	5	1	2
2	9	3	5	1	4	8	7	6
9	7	2	8	4	3	1	6	5
5	3	1	6	9	2	7	8	4
6	4	8	7	5	1	9	2	3

第6-6题

5	6	7	4	9	8	2	1	3
1	9	3	2	5	7	4	8	6
8	2	4	6	3	1	7	9	5
7	4	1	3	8	6	5	2	9
3	5	9	7	2	4	8	6	1
2	8	6	9	1	5	3	4	7
6	1	2	8	7	3	9	5	4
4	7	8	5	6	9	1	3	2
9	3	5	1	4	2	6	7	8

第6-7题

9	6	4	3	2	1	5	8	7
7	3	8	5	6	9	2	4	1
2	5	1	4	7	8	6	3	9
5	9	6	7	8	4	1	2	3
1	4	3	2	9	6	7	5	8
8	2	7	1	3	5	9	6	4
6	8	5	9	4	7	3	1	2
3	1	9	8	5	2	4	7	6
4	7	2	6	1	3	8	9	5

第6-8题

1	8	3	5	4	9	6	2	7
7	2	9	6	3	1	8	4	5
6	4	5	7	8	2	3	1	9
5	1	4	2	7	3	9	6	8
3	6	7	1	9	8	2	5	4
8	9	2	4	5	6	1	7	3
2	7	8	9	6	5	4	3	1
9	5	6	3	1	4	7	8	2
4	3	1	8	2	7	5	9	6

第6-9题

3	4	5	7	9	6	1	8	2
8	2	6	3	1	4	7	5	9
1	7	9	8	2	5	4	3	6
6	5	7	9	4	8	2	1	3
4	9	3	2	7	1	5	6	8
2	8	1	6	5	3	9	4	7
7	3	4	1	8	9	6	2	5
9	1	8	5	6	2	3	7	4
5	6	2	4	3	7	8	9	1

第6-10题

3	5	7	2	1	4	8	6	9
9	6	4	5	3	8	7	2	1
1	2	8	9	7	6	4	3	5
8	7	5	1	9	2	6	4	3
4	3	1	6	8	5	9	7	2
2	9	6	7	4	3	1	5	8
6	4	3	8	2	9	5	1	7
5	1	9	3	6	7	2	8	4
7	8	2	4	5	1	3	9	6

第七课

第7-1题

9	7	8	6	2	1	3	5	4
3	1	5	9	8	4	2	6	7
2	4	6	3	5	7	8	9	1
4	8	7	5	3	6	1	2	9
1	6	9	8	7	2	5	4	3
5	2	3	4	1	9	6	7	8
6	9	2	1	4	3	7	8	5
8	3	4	7	6	5	9	1	2
7	5	1	2	9	8	4	3	6

第7-2题

7	6	3	4	9	8	2	1	5
2	1	9	3	5	6	7	8	4
8	5	4	1	2	7	3	6	9
1	9	2	6	4	3	8	5	7
3	7	6	8	1	5	9	4	2
4	8	5	2	7	9	1	3	6
9	3	1	5	6	2	4	7	8
5	2	8	7	3	4	6	9	1
6	4	7	9	8	1	5	2	3

第7-3题

5	6	8	2	9	1	3	7	4
1	7	9	3	4	8	5	2	6
4	3	2	5	6	7	8	9	1
3	2	7	8	5	6	4	1	9
8	5	1	9	7	4	2	6	3
6	9	4	1	2	3	7	5	8
9	8	3	7	1	5	6	4	2
2	4	5	6	3	9	1	8	7
7	1	6	4	8	2	9	3	5

第7-4题

3	4	1	6	2	7	5	9	8
2	6	8	1	5	9	4	3	7
5	9	7	3	8	4	1	2	6
4	5	3	9	1	6	8	7	2
8	2	9	5	7	3	6	4	1
7	1	6	2	4	8	3	5	9
6	8	5	4	9	2	7	1	3
1	3	2	7	6	5	9	8	4
9	7	4	8	3	1	2	6	5

第7-5题

4	1	6	9	5	8	7	2	3
2	5	7	1	6	3	8	4	9
8	9	3	7	2	4	6	5	1
3	7	8	4	9	5	1	6	2
6	2	1	8	3	7	4	9	5
5	4	9	6	1	2	3	8	7
7	3	2	5	8	6	9	1	4
1	6	4	2	7	9	5	3	8
9	8	5	3	4	1	2	7	6

第7-6题

9	8	5	7	2	4	6	1	3
1	7	3	6	9	5	8	2	4
6	4	2	3	8	1	7	5	9
7	1	4	5	3	9	2	8	6
5	3	6	2	4	8	1	9	7
2	9	8	1	6	7	4	3	5
8	6	7	9	1	3	5	4	2
3	2	1	4	5	6	9	7	8
4	5	9	8	7	2	3	6	1

第7-7题

6	9	7	5	2	8	1	4	3
2	8	3	1	6	4	9	5	7
1	4	5	9	7	3	8	2	6
7	3	1	6	5	2	4	9	8
4	6	2	3	8	9	5	7	1
8	5	9	4	1	7	3	6	2
3	2	4	8	9	6	7	1	5
5	7	8	2	4	1	6	3	9
9	1	6	7	3	5	2	8	4

第7-8题

3	6	2	9	5	8	1	7	4
5	7	9	1	2	4	8	6	3
1	8	4	3	6	7	2	5	9
8	5	6	7	4	9	3	1	2
2	3	7	5	8	1	9	4	6
4	9	1	6	3	2	7	8	5
9	4	3	8	1	5	6	2	7
7	2	8	4	9	6	5	3	1
6	1	5	2	7	3	4	9	8

第7-9题

2	4	3	6	1	5	7	8	9
5	8	9	4	2	7	1	6	3
6	1	7	9	3	8	5	2	4
9	3	4	7	6	1	2	5	8
8	7	5	2	4	3	9	1	6
1	6	2	5	8	9	4	3	7
7	2	6	8	5	4	3	9	1
3	9	8	1	7	2	6	4	5
4	5	1	3	9	6	8	7	2

第7-10题

3	6	4	5	8	7	9	1	2
5	2	7	9	6	1	3	8	4
1	9	8	3	4	2	7	5	6
8	5	1	2	9	4	6	7	3
6	7	9	1	5	3	2	4	8
4	3	2	8	7	6	5	9	1
2	4	3	7	1	5	8	6	9
7	8	6	4	3	9	1	2	5
9	1	5	6	2	8	4	3	7

第八课

第8-1题

1	4	7	6	9	5	2	3	8
6	2	9	3	8	1	4	7	5
3	8	5	2	4	7	6	1	9
7	5	3	9	1	2	8	4	6
2	1	6	4	7	8	9	5	3
8	9	4	5	6	3	1	2	7
4	6	2	7	5	9	3	8	1
9	7	1	8	3	4	5	6	2
5	3	8	1	2	6	7	9	4

第8-2题

3	4	2	6	8	7	9	5	1
1	7	6	3	9	5	2	8	4
8	5	9	2	1	4	7	3	6
9	3	5	7	4	1	6	2	8
7	2	1	5	6	8	4	9	3
4	6	8	9	3	2	1	7	5
6	8	7	1	2	3	5	4	9
5	1	4	8	7	9	3	6	2
2	9	3	4	5	6	8	1	7

第8-3题

8	3	1	5	7	2	6	9	4
6	2	5	9	8	4	7	1	3
9	7	4	3	1	6	8	5	2
5	9	8	7	6	3	4	2	1
7	1	6	4	2	9	5	3	8
2	4	3	8	5	1	9	6	7
1	6	9	2	4	8	3	7	5
4	5	2	6	3	7	1	8	9
3	8	7	1	9	5	2	4	6

第8-4题

4	3	6	5	8	1	7	9	2
9	8	2	6	3	7	4	1	5
5	7	1	4	9	2	8	3	6
7	2	9	3	6	4	5	8	1
3	5	4	1	7	8	2	6	9
6	1	8	9	2	5	3	7	4
8	9	5	7	4	6	1	2	3
1	6	7	2	5	3	9	4	8
2	4	3	8	1	9	6	5	7

第8-5题

9	6	5	3	4	2	8	1	7
3	7	8	6	5	1	4	2	9
2	4	1	9	8	7	3	6	5
4	8	3	1	6	9	7	5	2
6	1	2	7	3	5	9	4	8
7	5	9	8	2	4	6	3	1
5	3	4	2	9	8	1	7	6
1	9	6	5	7	3	2	8	4
8	2	7	4	1	6	5	9	3

第8-6题

9	4	6	3	7	5	8	1	2
7	5	1	4	8	2	6	9	3
3	8	2	6	1	9	7	5	4
2	6	7	1	4	3	5	8	9
1	9	4	2	5	8	3	6	7
5	3	8	9	6	7	4	2	1
6	1	5	7	2	4	9	3	8
8	7	9	5	3	1	2	4	6
4	2	3	8	9	6	1	7	5

第8-7题

2	3	7	1	6	5	4	9	8
5	9	6	4	7	8	3	2	1
1	4	8	3	2	9	5	6	7
9	1	3	8	4	7	6	5	2
7	8	2	5	9	6	1	4	3
4	6	5	2	1	3	7	8	9
3	7	9	6	5	2	8	1	4
8	5	1	9	3	4	2	7	6
6	2	4	7	8	1	9	3	5

第8-8题

1	5	6	3	4	7	8	9	2
3	2	9	1	8	6	5	7	4
8	4	7	9	2	5	6	3	1
6	7	3	2	9	1	4	8	5
5	1	8	7	6	4	3	2	9
4	9	2	8	5	3	1	6	7
2	3	4	5	7	8	9	1	6
9	8	5	6	1	2	7	4	3
7	6	1	4	3	9	2	5	8

第8-9题

7	4	3	1	6	2	9	8	5
6	8	1	7	9	5	2	4	3
2	9	5	4	8	3	7	6	1
4	6	9	8	2	1	3	5	7
1	5	8	6	3	7	4	2	9
3	7	2	9	5	4	6	1	8
9	3	4	5	1	6	8	7	2
8	1	6	2	7	9	5	3	4
5	2	7	3	4	8	1	9	6

第8-10题

4	5	8	6	9	7	3	2	1
3	2	6	4	5	1	9	8	7
9	7	1	8	2	3	5	6	4
2	6	9	5	1	4	7	3	8
7	8	4	2	3	9	1	5	6
5	1	3	7	8	6	4	9	2
8	4	2	9	7	5	6	1	3
1	9	7	3	6	8	2	4	5
6	3	5	1	4	2	8	7	9

第九课

第9-1题

8	6	2	7	5	9	4	1	3
5	7	3	8	4	1	2	6	9
4	1	9	2	3	6	5	8	7
2	5	4	6	1	3	9	7	8
1	9	6	4	8	7	3	5	2
7	3	8	5	9	2	6	4	1
9	4	5	3	7	8	1	2	6
3	2	7	1	6	5	8	9	4
6	8	1	9	2	4	7	3	5

第9-2题

7	3	5	6	8	1	4	9	2
1	4	2	5	3	9	6	7	8
6	8	9	2	4	7	3	5	1
4	1	8	9	2	6	7	3	5
9	6	3	7	5	8	2	1	4
5	2	7	4	1	3	9	8	6
3	5	4	8	7	2	1	6	9
2	9	1	3	6	5	8	4	7
8	7	6	1	9	4	5	2	3

第9-3题

1	2	4	7	6	3	9	8	5
7	6	5	8	2	9	3	4	1
3	8	9	4	5	1	6	7	2
5	7	6	9	8	4	2	1	3
8	4	1	6	3	2	7	5	9
2	9	3	1	7	5	4	6	8
4	5	2	3	1	6	8	9	7
9	1	8	2	4	7	5	3	6
6	3	7	5	9	8	1	2	4

第9-4题

8	6	9	3	5	4	1	2	7
5	7	1	2	6	8	3	9	4
2	4	3	1	9	7	5	6	8
6	2	8	5	4	3	9	7	1
1	5	4	6	7	9	2	8	3
9	3	7	8	2	1	4	5	6
7	9	5	4	1	6	8	3	2
4	8	6	9	3	2	7	1	5
3	1	2	7	8	5	6	4	9

第9-5题

6	8	4	5	1	3	9	7	2
2	3	9	7	8	4	6	5	1
5	7	1	6	2	9	3	4	8
3	4	8	1	7	6	5	2	9
9	6	5	8	4	2	1	3	7
1	2	7	9	3	5	8	6	4
7	5	6	4	9	1	2	8	3
8	9	2	3	6	7	4	1	5
4	1	3	2	5	8	7	9	6

第9-6题

3	8	1	7	6	5	2	4	9
6	7	2	4	9	8	5	3	1
4	5	9	1	3	2	8	7	6
1	4	7	9	5	6	3	8	2
8	6	5	2	4	3	1	9	7
2	9	3	8	1	7	4	6	5
5	1	6	3	7	4	9	2	8
7	2	4	5	8	9	6	1	3
9	3	8	6	2	1	7	5	4

第9-7题

9	2	6	1	8	7	3	4	5
1	3	4	2	6	5	9	7	8
5	7	8	9	3	4	2	1	6
4	5	9	6	7	1	8	2	3
2	8	1	5	9	3	4	6	7
3	6	7	8	4	2	1	5	9
8	9	2	4	5	6	7	3	1
7	4	5	3	1	9	6	8	2
6	1	3	7	2	8	5	9	4

第9-8题

3	7	5	6	1	2	9	8	4
8	2	1	5	9	4	6	3	7
6	4	9	7	8	3	2	1	5
5	1	4	9	3	8	7	6	2
9	3	6	2	7	5	8	4	1
7	8	2	4	6	1	5	9	3
2	6	3	8	4	7	1	5	9
1	9	7	3	5	6	4	2	8
4	5	8	1	2	9	3	7	6

第9-9题

3	6	8	4	1	2	9	5	7
9	7	4	6	8	5	3	1	2
2	5	1	7	3	9	6	8	4
6	1	9	8	2	7	4	3	5
5	3	2	9	4	6	8	7	1
4	8	7	1	5	3	2	6	9
1	4	5	3	9	8	7	2	6
7	2	3	5	6	4	1	9	8
8	9	6	2	7	1	5	4	3

第9-10题

3	8	6	9	4	5	1	2	7
2	7	5	8	1	3	6	4	9
1	9	4	6	7	2	8	5	3
9	2	1	4	5	7	3	8	6
4	5	8	3	6	9	2	7	1
6	3	7	2	8	1	4	9	5
7	6	9	1	2	4	5	3	8
8	4	3	5	9	6	7	1	2
5	1	2	7	3	8	9	6	4

第十课

第10-1题

9	5	2	7	6	8	4	3	1
3	7	1	9	4	5	6	2	8
6	8	4	2	1	3	7	9	5
4	1	9	6	3	7	8	5	2
7	2	3	5	8	9	1	4	6
5	6	8	4	2	1	3	7	9
2	3	5	8	7	6	9	1	4
1	9	6	3	5	4	2	8	7
8	4	7	1	9	2	5	6	3

第10-2题

9	5	2	7	6	3	8	4	1
1	6	4	2	8	9	5	3	7
8	7	3	4	5	1	2	9	6
7	1	9	3	2	6	4	8	5
4	2	5	9	1	8	7	6	3
6	3	8	5	4	7	9	1	2
3	4	7	6	9	2	1	5	8
5	8	6	1	7	4	3	2	9
2	9	1	8	3	5	6	7	4

第10-3题

1	4	6	5	8	3	9	2	7
7	3	8	9	4	2	1	5	6
2	5	9	7	6	1	8	4	3
8	7	3	2	5	4	6	9	1
5	9	4	1	7	6	2	3	8
6	1	2	3	9	8	5	7	4
4	6	7	8	2	5	3	1	9
3	8	5	4	1	9	7	6	2
9	2	1	6	3	7	4	8	5

第10-4题

8	2	3	5	9	7	1	4	6
9	7	6	1	2	4	3	5	8
4	5	1	8	6	3	7	9	2
3	4	2	7	1	8	5	6	9
7	9	8	6	4	5	2	3	1
6	1	5	2	3	9	8	7	4
5	8	4	9	7	1	6	2	3
2	3	7	4	8	6	9	1	5
1	6	9	3	5	2	4	8	7

第10-5题

6	8	9	4	7	1	5	3	2
2	1	7	3	9	5	8	6	4
4	3	5	2	8	6	1	9	7
9	4	2	7	1	3	6	8	5
1	5	6	8	4	9	7	2	3
8	7	3	5	6	2	4	1	9
3	6	8	9	5	7	2	4	1
7	2	4	1	3	8	9	5	6
5	9	1	6	2	4	3	7	8

第10-6题

9	2	5	7	6	8	1	3	4
4	8	1	3	5	9	7	2	6
3	6	7	2	4	1	8	5	9
7	1	3	5	2	4	6	9	8
8	9	2	1	7	6	5	4	3
5	4	6	9	8	3	2	1	7
2	7	8	4	3	5	9	6	1
6	3	9	8	1	2	4	7	5
1	5	4	6	9	7	3	8	2

第10-7题

9	2	3	6	4	5	7	8	1
4	5	7	8	2	1	6	9	3
6	8	1	3	9	7	2	5	4
1	9	5	2	3	8	4	7	6
8	4	2	9	7	6	3	1	5
7	3	6	5	1	4	8	2	9
2	6	8	4	5	9	1	3	7
5	7	4	1	8	3	9	6	2
3	1	9	7	6	2	5	4	8

第10-8题

5	3	6	1	8	9	2	7	4
8	2	7	5	4	3	9	6	1
4	1	9	6	2	7	3	5	8
7	4	1	8	3	5	6	9	2
9	8	3	2	6	4	7	1	5
6	5	2	9	7	1	4	8	3
2	9	5	4	1	6	8	3	7
1	7	4	3	9	8	5	2	6
3	6	8	7	5	2	1	4	9

第10-9题

1	6	8	2	3	5	7	4	9
3	7	2	8	4	9	6	1	5
9	5	4	7	6	1	8	3	2
4	9	1	5	2	7	3	8	6
7	3	6	9	8	4	5	2	1
2	8	5	3	1	6	9	7	4
6	2	7	4	9	8	1	5	3
5	1	3	6	7	2	4	9	8
8	4	9	1	5	3	2	6	7

第10-10题

1	2	8	3	5	7	4	6	9
3	6	9	4	1	2	8	5	7
4	5	7	9	8	6	1	2	3
6	7	1	2	3	9	5	8	4
8	4	3	5	6	1	9	7	2
5	9	2	7	4	8	3	1	6
2	8	4	1	7	3	6	9	5
7	1	5	6	9	4	2	3	8
9	3	6	8	2	5	7	4	1

第十一课

第11-1题

4	2	6	7	1	8	9	5	3
8	3	5	9	6	2	4	1	7
9	1	7	4	3	5	8	6	2
6	5	4	8	7	9	3	2	1
7	9	2	3	5	1	6	8	4
1	8	3	6	2	4	7	9	5
3	7	1	5	9	6	2	4	8
2	4	9	1	8	7	5	3	6
5	6	8	2	4	3	1	7	9

第11-2题

3	8	4	1	5	6	2	9	7
1	7	6	9	2	3	5	4	8
9	5	2	8	7	4	1	6	3
7	1	9	4	3	8	6	5	2
5	4	3	6	9	2	7	8	1
6	2	8	5	1	7	9	3	4
8	3	1	7	6	5	4	2	9
4	9	5	2	8	1	3	7	6
2	6	7	3	4	9	8	1	5

第11-3题

1	6	4	3	9	8	2	5	7
3	5	8	2	6	7	1	9	4
9	7	2	5	4	1	6	8	3
2	8	6	9	3	4	5	7	1
5	3	1	6	7	2	9	4	8
4	9	7	8	1	5	3	2	6
7	4	5	1	2	3	8	6	9
6	2	3	7	8	9	4	1	5
8	1	9	4	5	6	7	3	2

第11-4题

7	1	8	5	9	3	6	4	2
4	5	2	7	6	1	3	8	9
6	9	3	4	2	8	5	1	7
1	7	4	8	3	2	9	5	6
5	2	9	1	4	6	8	7	3
8	3	6	9	7	5	4	2	1
9	8	1	3	5	7	2	6	4
2	4	5	6	1	9	7	3	8
3	6	7	2	8	4	1	9	5

第11-5题

7	3	6	9	5	8	4	1	2
4	8	9	3	1	2	6	7	5
1	5	2	7	4	6	9	3	8
3	1	8	5	6	7	2	4	9
6	9	4	2	8	1	7	5	3
2	7	5	4	9	3	8	6	1
8	6	3	1	7	9	5	2	4
9	4	1	6	2	5	3	8	7
5	2	7	8	3	4	1	9	6

第11-6题

9	8	6	3	2	5	4	7	1
4	3	7	1	9	8	6	5	2
5	1	2	7	4	6	9	8	3
3	6	9	4	5	1	7	2	8
2	7	5	6	8	3	1	9	4
1	4	8	9	7	2	3	6	5
6	5	4	2	1	9	8	3	7
8	9	1	5	3	7	2	4	6
7	2	3	8	6	4	5	1	9

第11-7题

5	8	9	4	2	6	7	1	3
7	4	1	9	5	3	6	8	2
2	6	3	8	1	7	4	9	5
1	3	5	6	9	2	8	7	4
4	2	7	1	3	8	5	6	9
8	9	6	7	4	5	3	2	1
3	1	8	2	7	4	9	5	6
6	5	2	3	8	9	1	4	7
9	7	4	5	6	1	2	3	8

第11-8题

3	4	6	9	2	5	8	7	1
8	9	7	3	4	1	5	6	2
2	5	1	7	6	8	9	3	4
6	8	2	5	1	7	4	9	3
1	7	9	4	8	3	6	2	5
4	3	5	6	9	2	1	8	7
5	1	8	2	3	6	7	4	9
7	2	4	8	5	9	3	1	6
9	6	3	1	7	4	2	5	8

第11-9题

8	6	7	1	5	2	4	9	3
1	4	2	3	8	9	5	6	7
5	3	9	6	7	4	1	8	2
6	8	4	2	3	5	7	1	9
9	2	1	4	6	7	3	5	8
7	5	3	8	9	1	6	2	4
3	7	5	9	2	6	8	4	1
4	9	6	7	1	8	2	3	5
2	1	8	5	4	3	9	7	6

第11-10题

7	2	8	9	3	6	5	4	1
4	3	9	5	1	2	8	6	7
5	1	6	7	4	8	2	9	3
9	5	3	8	7	1	6	2	4
2	8	7	4	6	3	1	5	9
6	4	1	2	5	9	7	3	8
1	6	2	3	9	7	4	8	5
8	9	4	1	2	5	3	7	6
3	7	5	6	8	4	9	1	2

第十二课

第12-1题

7	8	6	4	5	9	1	3	2
5	4	3	7	1	2	6	9	8
1	2	9	3	6	8	7	5	4
6	3	4	2	8	1	9	7	5
8	1	2	9	7	5	4	6	3
9	7	5	6	3	4	8	2	1
3	5	8	1	9	6	2	4	7
4	6	1	5	2	7	3	8	9
2	9	7	8	4	3	5	1	6

第12-2题

1	8	3	7	9	2	6	5	4
7	6	2	4	1	5	9	3	8
5	9	4	6	8	3	1	2	7
4	1	5	3	2	6	8	7	9
3	7	9	8	5	4	2	1	6
8	2	6	9	7	1	5	4	3
2	4	8	5	6	7	3	9	1
6	5	7	1	3	9	4	8	2
9	3	1	2	4	8	7	6	5

第12-3题

2	6	5	9	7	4	1	8	3
4	8	1	3	2	6	9	7	5
3	7	9	5	8	1	4	6	2
1	4	8	2	6	5	3	9	7
9	5	3	1	4	7	6	2	8
7	2	6	8	9	3	5	1	4
5	3	7	6	1	2	8	4	9
6	9	4	7	5	8	2	3	1
8	1	2	4	3	9	7	5	6

第12-4题

2	5	8	7	1	4	6	9	3
1	3	6	5	9	2	4	7	8
9	4	7	6	8	3	2	1	5
4	6	2	8	3	1	7	5	9
3	8	5	2	7	9	1	6	4
7	9	1	4	6	5	8	3	2
8	1	3	9	2	6	5	4	7
5	7	9	1	4	8	3	2	6
6	2	4	3	5	7	9	8	1

第12-5题

5	8	1	6	7	9	4	2	3
6	4	2	5	8	3	1	7	9
7	3	9	4	2	1	6	8	5
8	1	7	9	4	2	3	5	6
9	2	6	1	3	5	7	4	8
4	5	3	8	6	7	2	9	1
1	7	8	2	5	6	9	3	4
3	9	4	7	1	8	5	6	2
2	6	5	3	9	4	8	1	7

第12-6题

2	7	5	6	3	4	1	8	9
8	9	3	1	7	2	5	6	4
6	1	4	8	5	9	7	2	3
4	5	6	9	1	8	2	3	7
1	2	8	7	4	3	6	9	5
9	3	7	5	2	6	4	1	8
5	6	2	3	9	7	8	4	1
3	8	1	4	6	5	9	7	2
7	4	9	2	8	1	3	5	6

第12-7题

8	9	7	1	2	3	4	5	6
1	2	3	6	4	5	8	7	9
4	6	5	9	7	8	2	1	3
2	8	4	5	1	9	6	3	7
5	1	6	7	3	4	9	2	8
3	7	9	2	8	6	5	4	1
6	3	1	4	9	2	7	8	5
7	5	2	8	6	1	3	9	4
9	4	8	3	5	7	1	6	2

第12-8题

1	8	5	3	2	4	9	6	7
3	9	6	7	5	1	2	4	8
4	7	2	8	6	9	1	5	3
8	4	7	1	3	6	5	9	2
6	2	9	4	8	5	7	3	1
5	1	3	9	7	2	4	8	6
2	6	8	5	9	7	3	1	4
9	3	4	2	1	8	6	7	5
7	5	1	6	4	3	8	2	9

第12-9题

6	9	5	8	2	4	3	1	7
7	8	2	6	1	3	9	4	5
4	1	3	5	9	7	6	8	2
5	3	1	7	4	9	2	6	8
9	2	6	1	8	5	7	3	4
8	7	4	2	3	6	5	9	1
2	6	9	4	7	1	8	5	3
1	5	7	3	6	8	4	2	9
3	4	8	9	5	2	1	7	6

第12-10题

2	9	3	5	6	8	1	7	4
4	5	8	7	1	3	9	2	6
6	7	1	4	2	9	5	3	8
7	2	6	3	8	1	4	5	9
9	8	4	2	5	7	3	6	1
3	1	5	9	4	6	7	8	2
8	6	7	1	3	4	2	9	5
1	3	2	6	9	5	8	4	7
5	4	9	8	7	2	6	1	3

第十三课

第13-1题

4	6	8	2	7	1	9	3	5
7	9	3	5	4	8	2	6	1
1	2	5	9	3	6	7	4	8
6	7	2	4	8	5	1	9	3
3	4	1	7	2	9	8	5	6
8	5	9	6	1	3	4	2	7
5	8	6	1	9	2	3	7	4
9	1	7	3	6	4	5	8	2
2	3	4	8	5	7	6	1	9

第13-2题

3	4	1	9	2	7	6	8	5
8	7	5	3	6	4	2	1	9
6	9	2	8	1	5	4	3	7
1	3	8	5	9	2	7	6	4
9	2	7	4	8	6	3	5	1
4	5	6	1	7	3	9	2	8
2	6	9	7	5	8	1	4	3
5	1	3	2	4	9	8	7	6
7	8	4	6	3	1	5	9	2

第13-3题

5	9	1	6	4	7	2	8	3
7	4	2	8	9	3	1	6	5
3	8	6	1	5	2	7	9	4
9	3	8	7	6	5	4	1	2
6	2	7	4	8	1	3	5	9
1	5	4	3	2	9	6	7	8
2	6	3	9	1	8	5	4	7
4	7	9	5	3	6	8	2	1
8	1	5	2	7	4	9	3	6

第13-4题

5	6	4	9	3	8	7	2	1
8	2	9	6	7	1	5	3	4
7	3	1	4	2	5	8	6	9
4	1	7	8	6	3	9	5	2
2	8	5	7	9	4	6	1	3
6	9	3	1	5	2	4	7	8
9	5	2	3	8	7	1	4	6
3	4	8	5	1	6	2	9	7
1	7	6	2	4	9	3	8	5

第13-5题

3	8	4	2	1	5	7	6	9
2	5	6	9	7	8	1	3	4
9	1	7	6	4	3	2	8	5
4	6	9	7	8	2	3	5	1
8	2	1	3	5	9	6	4	7
5	7	3	4	6	1	8	9	2
6	4	5	8	2	7	9	1	3
7	9	8	1	3	4	5	2	6
1	3	2	5	9	6	4	7	8

第13-6题

7	8	1	6	3	5	9	2	4
3	6	2	8	4	9	7	1	5
9	5	4	2	7	1	8	3	6
1	7	6	9	2	3	4	5	8
5	4	3	1	6	8	2	9	7
2	9	8	4	5	7	1	6	3
6	2	9	3	8	4	5	7	1
8	3	7	5	1	2	6	4	9
4	1	5	7	9	6	3	8	2

第13-7题

5	1	9	6	7	8	4	2	3
8	4	6	3	2	9	7	1	5
7	3	2	4	1	5	9	8	6
3	8	1	9	5	7	6	4	2
9	6	5	8	4	2	1	3	7
4	2	7	1	3	6	5	9	8
1	5	4	2	6	3	8	7	9
2	7	8	5	9	1	3	6	4
6	9	3	7	8	4	2	5	1

第13-8题

9	7	3	1	4	2	8	5	6
5	8	2	7	3	6	1	9	4
1	6	4	8	5	9	2	7	3
6	2	1	5	9	3	4	8	7
7	3	8	4	6	1	9	2	5
4	5	9	2	7	8	6	3	1
3	9	5	6	8	4	7	1	2
8	1	6	3	2	7	5	4	9
2	4	7	9	1	5	3	6	8

第13-9题

7	5	4	1	3	6	8	2	9
3	6	8	9	2	7	5	4	1
9	1	2	4	8	5	6	3	7
2	4	1	3	6	9	7	8	5
5	9	3	8	7	1	2	6	4
8	7	6	2	5	4	1	9	3
1	3	5	6	9	8	4	7	2
4	8	9	7	1	2	3	5	6
6	2	7	5	4	3	9	1	8

第13-10题

7	1	6	4	3	9	5	8	2
9	2	4	8	5	6	7	1	3
5	3	8	7	2	1	6	9	4
3	4	9	2	1	5	8	7	6
6	8	7	9	4	3	2	5	1
1	5	2	6	7	8	4	3	9
4	6	1	5	9	7	3	2	8
8	7	3	1	6	2	9	4	5
2	9	5	3	8	4	1	6	7

第十四课

第14-1题

2	4	5	7	8	1	6	9	3
7	8	3	9	2	6	5	1	4
6	9	1	5	4	3	7	2	8
9	5	6	3	7	8	1	4	2
8	1	2	4	9	5	3	7	6
4	3	7	6	1	2	9	8	5
5	2	8	1	3	7	4	6	9
3	7	4	8	6	9	2	5	1
1	6	9	2	5	4	8	3	7

第14-2题

3	6	8	7	2	5	9	4	1
9	2	4	6	1	8	3	5	7
7	5	1	3	4	9	6	8	2
5	4	7	1	6	2	8	3	9
6	1	9	8	3	4	2	7	5
2	8	3	5	9	7	1	6	4
4	9	5	2	8	3	7	1	6
1	3	2	4	7	6	5	9	8
8	7	6	9	5	1	4	2	3

第14-3题

6	7	9	3	8	4	5	1	2
3	2	4	1	9	5	6	7	8
8	1	5	2	6	7	4	3	9
9	5	8	4	7	2	3	6	1
4	6	1	8	5	3	2	9	7
2	3	7	6	1	9	8	5	4
1	9	6	5	2	8	7	4	3
5	8	3	7	4	1	9	2	6
7	4	2	9	3	6	1	8	5

第14-4题

3	5	2	1	6	4	8	9	7
4	1	7	9	3	8	6	2	5
8	9	6	7	2	5	3	1	4
2	7	1	3	8	6	4	5	9
6	8	4	2	5	9	7	3	1
9	3	5	4	1	7	2	8	6
1	6	8	5	4	2	9	7	3
5	2	9	6	7	3	1	4	8
7	4	3	8	9	1	5	6	2

第14-5题

2	5	3	6	8	4	9	7	1
4	6	7	9	2	1	8	3	5
9	8	1	3	7	5	2	4	6
5	4	2	1	3	9	6	8	7
8	7	6	5	4	2	3	1	9
3	1	9	8	6	7	5	2	4
1	3	8	7	9	6	4	5	2
7	9	4	2	5	3	1	6	8
6	2	5	4	1	8	7	9	3

第14-6题

1	5	9	8	7	2	3	4	6
8	6	3	1	9	4	2	5	7
4	7	2	6	5	3	9	8	1
2	3	5	4	6	7	1	9	8
7	8	1	9	2	5	6	3	4
9	4	6	3	1	8	7	2	5
3	9	7	5	4	6	8	1	2
6	1	4	2	8	9	5	7	3
5	2	8	7	3	1	4	6	9

第14-7题

8	1	6	7	2	4	3	5	9
4	2	9	5	3	1	8	7	6
3	5	7	6	9	8	2	1	4
2	6	8	4	7	9	1	3	5
1	9	5	8	6	3	4	2	7
7	3	4	2	1	5	9	6	8
5	4	1	3	8	7	6	9	2
9	8	2	1	5	6	7	4	3
6	7	3	9	4	2	5	8	1

第14-8题

6	2	8	7	4	9	3	1	5
4	5	9	1	3	6	8	2	7
1	7	3	8	5	2	9	6	4
3	9	1	4	6	5	2	7	8
7	8	2	3	9	1	5	4	6
5	6	4	2	7	8	1	3	9
9	4	6	5	2	3	7	8	1
2	1	7	9	8	4	6	5	3
8	3	5	6	1	7	4	9	2

第14-9题

5	7	8	1	3	6	9	2	4
2	3	1	9	5	4	6	8	7
6	4	9	8	7	2	3	1	5
7	1	4	5	9	3	8	6	2
3	8	2	7	6	1	4	5	9
9	6	5	4	2	8	1	7	3
4	5	7	6	8	9	2	3	1
8	9	3	2	1	5	7	4	6
1	2	6	3	4	7	5	9	8

第14-10题

3	7	8	4	5	2	6	9	1
6	5	4	9	1	7	3	2	8
9	2	1	3	6	8	4	5	7
1	3	6	8	7	5	9	4	2
8	4	7	6	2	9	5	1	3
2	9	5	1	4	3	8	7	6
5	8	2	7	9	6	1	3	4
7	1	3	5	8	4	2	6	9
4	6	9	2	3	1	7	8	5

第十五课

第15-1题

3	9	4	5	8	6	2	1	7
6	2	5	1	4	7	3	9	8
8	7	1	3	2	9	6	5	4
9	8	2	4	7	5	1	3	6
1	6	7	2	3	8	5	4	9
4	5	3	9	6	1	7	8	2
5	4	8	6	1	2	9	7	3
7	1	6	8	9	3	4	2	5
2	3	9	7	5	4	8	6	1

第15-2题

5	4	7	9	2	1	6	8	3
8	2	6	5	7	3	1	4	9
9	1	3	8	4	6	2	7	5
3	9	4	1	5	2	7	6	8
6	5	8	7	3	4	9	2	1
2	7	1	6	9	8	3	5	4
1	3	2	4	8	7	5	9	6
4	6	5	2	1	9	8	3	7
7	8	9	3	6	5	4	1	2

第15-3题

2	8	5	9	6	3	1	4	7
4	3	9	8	7	1	5	6	2
6	1	7	2	5	4	3	9	8
3	2	8	1	9	5	4	7	6
1	5	6	4	8	7	2	3	9
9	7	4	3	2	6	8	1	5
7	9	3	5	1	8	6	2	4
5	6	1	7	4	2	9	8	3
8	4	2	6	3	9	7	5	1

第15-4题

9	3	6	4	5	2	7	1	8
4	8	1	6	7	3	9	2	5
2	7	5	1	8	9	4	6	3
5	1	3	8	6	4	2	7	9
6	4	9	7	2	5	3	8	1
8	2	7	9	3	1	6	5	4
3	6	4	2	1	8	5	9	7
1	5	2	3	9	7	8	4	6
7	9	8	5	4	6	1	3	2

第15-5题

6	8	9	5	1	3	2	4	7
5	7	3	2	4	8	1	9	6
1	4	2	6	7	9	5	3	8
7	9	6	3	5	1	4	8	2
8	1	4	7	9	2	6	5	3
2	3	5	8	6	4	7	1	9
4	5	7	9	3	6	8	2	1
9	2	1	4	8	7	3	6	5
3	6	8	1	2	5	9	7	4

第15-6题

5	7	8	9	4	3	1	2	6
4	6	1	2	7	8	3	5	9
9	3	2	6	5	1	4	8	7
6	8	9	4	1	5	2	7	3
3	1	5	8	2	7	9	6	4
7	2	4	3	9	6	5	1	8
8	9	3	5	6	2	7	4	1
2	4	7	1	8	9	6	3	5
1	5	6	7	3	4	8	9	2

第15-7题

4	5	9	8	2	1	7	6	3
7	1	8	3	6	4	9	2	5
6	3	2	7	9	5	4	8	1
3	9	1	5	7	6	2	4	8
8	6	5	9	4	2	1	3	7
2	7	4	1	3	8	6	5	9
5	2	7	4	1	3	8	9	6
9	8	6	2	5	7	3	1	4
1	4	3	6	8	9	5	7	2

第15-8题

8	5	2	6	4	7	3	1	9
3	9	4	1	2	8	6	7	5
7	1	6	3	5	9	4	8	2
6	2	7	8	1	5	9	3	4
5	8	3	4	9	6	1	2	7
1	4	9	2	7	3	8	5	6
2	7	1	9	8	4	5	6	3
4	3	8	5	6	2	7	9	1
9	6	5	7	3	1	2	4	8

第15-9题

6	1	9	4	8	7	5	3	2
7	2	5	1	9	3	8	6	4
8	3	4	6	5	2	7	1	9
5	4	3	2	6	1	9	7	8
1	6	8	5	7	9	4	2	3
9	7	2	8	3	4	1	5	6
3	8	7	9	1	6	2	4	5
2	5	1	3	4	8	6	9	7
4	9	6	7	2	5	3	8	1

第15-10题

4	5	2	3	8	9	1	6	7
7	9	6	5	4	1	2	8	3
8	1	3	6	7	2	4	5	9
2	7	5	8	3	4	9	1	6
3	8	4	9	1	6	7	2	5
9	6	1	7	2	5	3	4	8
5	2	8	1	9	3	6	7	4
6	4	9	2	5	7	8	3	1
1	3	7	4	6	8	5	9	2